Black Jack
이길 수 있다

BLACK JACK

월드 포커 플레이어 TOP3 차민수의 블랙잭 게임 비법

이길 수 있다

차민수 지음

포커 세계 챔피언이 전하는

97% 승률
블랙잭 필승 비법

티나

행복으로 가는 '승리'의 비결

나는 여러 사람들로부터 혹은 라스베이거스를 찾는 손님들로부터 어떻게 하면 카지노에서 돈을 딸 수 있는지에 대한 질문을 받곤 한다. 그럴 때마다 나는 다음과 같이 반문한다.

"저기 저 휘황찬란한 불빛을 보십시오. 저 엄청난 카지노의 전기세를 도대체 누가 내는 거지요? 그들은 도대체 어디서 그 많은 돈을 충당하는 걸까요?"

이 반문 속에는 해답이 들어 있다.

엄청난 전기세뿐만이 아니라 호텔마다 만 명이 넘는 그 많은 종사자들을 먹여 살리기 위해서는 많은 돈이 필요하다. 그 많은 자금이 바로 라스베이거스를 찾는 사람들 호주머니에서 나온다는 것이다.

그렇다면 어떤 사람도 카지노에서 돈을 딸 수는 없는 것일까? 그리고 이 책에서 이야기하려는 블랙잭은 그저 요행수만 바라보는 게임일까? 나는 절대 그렇지 않다고 자신 있게 말할 수 있다.

나는 라스베이거스에 체류할 때 가끔 한국에서 온 손님들과 함께 블랙잭 테이블에 앉았다. 그때 나와 함께 테이블에 앉은 사람들 대부분이 게임에서 승리를 거두었다. 그러면 사람들이 경탄해 마지않는 표정으로 말한다.

"그 비법을 설명해주실 순 없나요?"

"블랙잭에서 승리하는 비결을 아예 책으로 쓰시는 건 어떤가요?"

어떤 사람은 고개를 갸우뚱하면서 묻기도 한다.

"정말로 비법 같은 것이 있긴 있나요?"

그럴 때마다 나는 대답하곤 한다.

"많은 공부와 훈련을 쌓는다면 지지 않는 비결은 스스로 터득하게 될 것입니다."

이것은 대단히 중요한 말이다.

지지 않는 비결이라는 것은 1.5~2%의 유리한 확률을 가지고 있는 카지노의 우세를 뒤엎어버리는 비결이다.

요즘은 국제화시대다. 모든 한국인이 외국여행을 즐기는 시대가 되었다. 또한 많은 사람들이 외국의 카지노를 방문하기도 한다.

만약 당신들이 그 여행자 중 한 사람이라면 아무런 대비 없이 블랙잭에 가담해서는 안 된다. 그것은 요행수를 바라는 것이며, 결국 소중한 돈을 낭비하는 결과가 된다.

장담하건대 어떤 카드 게임이든 요행수로 이길 수는 없다. 아무런 대책 없이 복권을 사서 자신의 숫자가 당첨될 기회를 기다리는 것이 아니라는 뜻이다.

내가 이 책을 쓰는 이유는 바로 여기에 있다. 당신들이 만약 이 책을 한 번 읽기만 하고 실전에 임한다 하더라도 당신은 당신의 소중한 재산을 절약할 수 있다.

나는 이 책에 당신에게 도움이 될 몇 가지 비결을 적어놓았다. 그것은 수없이 많은 실전과 연습을 반복해야 하는 수고를 얼마간 덜어줄 것이다.

당신이 여기 적어놓은 비결을 단지 한 번만 읽는 것이 아니라 수없이 반복하고 연습해서 완전히 자기 것으로 소화한다면 당신은 이 지구상의 어떤 카지노에서도 블랙잭으로 돈을 잃지 않게 될 것이다.

만약 좀 더 침착히 게임에 임해 이 비결을 완벽하게 구사할 수 있다면 당신은 돈을 잃지 않을 뿐만 아니라 마음먹은 만큼 돈을 따서 남은 여행을 행복하게 마무리할 수 있을 것이다.

   그렇다면 그 비결은 무엇인가?
   이제부터 나는 블랙잭에서 승리할 수 있는 비결을 이 책을 통해 가
르쳐주려고 한다.

차례

블랙잭 게임에서 이기는 기본 전략

1장

Black Jack

블랙잭 승리의 비결을 논할 때 빠질 수 없는 인물이 있다. 바로 에드워드 토롭(Edward Thorop)이라는 미국 UCLA의 천재 수학교수이다.

그는 라스베이거스를 다 합친 것보다 더 큰 시장이 뉴욕 월가에 있다는 것을 알게 되며 유일하게 라스베이거스와 월가를 동시에 수학 하나로 점령한 유일한 인물이기도 하다. 라스베이거스를 방문한 그는 블랙잭에 심취되어 오랜 동안 인간이 블랙잭에 승리할 수 있는 비결을 연구해왔다.

그리하여 1962년, 그는 마침내 승리할 수 있는 자신만의 논리를 개발해냈다. 그것은 바로 토롭의 카드를 카운트(셈)하는 방법이다. 이 방법을 터득해 자유자재로 사용할 줄 아는 사람을 카운터라고 부르는데, 일단 카운터가 되면 어지간해서는 돈을 잃지 않는다.

이러한 카운터들은 지구상에 수백 수천 명이 존재한다. 그들은 말하자면 돈이 궁할 때면 언제든 카지노로 달려가서 자기가 필요한 만큼 돈을 따면 된다. 하지만 실제로는 카운터들이 카지노에서 돈을 따는 일이 쉽지 않다. 그 이유는 나중에 따로 설명하겠다.

사실 오랫동안 여러 사람들이 블랙잭에 승리하는 방법을 연구해 저마다 책으로 발표했다. 따지고 보면 토롭의 카운트 방식도 다른 사람들 것과 크게 다르지 않다. 하지만 나의 오랜 경험으로 미루어, 그래도 승리를 이끌도록 가장 잘 설명한 것은 토롭의 방식이라고 할 수 있다. 이제 나는 그 토롭의 방식을 내 실전 경험과 비교해 자세하게 설명하려고 한다.

1. 응용하라

앞서 말했듯이 이 세상에는 블랙잭에서 승리할 수 있는 비결을 다룬 책이 이미 수십여 종에 달한다. 그렇다면 그 많은 책들을 외운다면 반드시 승리할 수 있어야 한다는 결론이 나온다.

하지만 카지노는 실전이다. 어떤 게임이든 엄연히 실전과 이론에는 차이가 있는 것이다. 공식을 완전히 외웠다고 해서 수학 시험에 모두 100점을 받는 것은 아니다. 선생님이 수학 문제를 약간만 비틀어 출제해도 공식을 외운 것이 허사가 될 때가 많다.

바둑에는 정석이라는 것이 있다. 하지만 어떤 사람도 정석만 알아서는 고수의 대열에 합류할 수 없다. 고수가 되려면 그 정석을 바탕으로 실전에서 자신에게 유리하도록 정석을 응용할 수 있어야 한다.

즉 정석을 완전히 습득해서 자기만의 특별한 기술로 만들어가야 하는 것이다. 이러한 사람만이 모든 게임에서 고수가 될 자질을 갖춘 사람이며 이들이 게임에서 승리할 수 있다.

이것이 카드에서 재능이라고 일컫는 카드센스다. 카드 재능을 알아내기에는 어느 정도의 시간이 걸린다. 겪어보기 전에는 알 수 없기 때문인데, 그래도 아주 뛰어난 사람은 쉽게 알아볼 수 있다.

2. 게임의 리듬을 타라

승부에는 호흡과 리듬이 있다. 승부란 죽어 있는 것이 아니고 살아 숨 쉬는 생물체와도 같다. 여기에 플레이어의 감각이 더해져야만 비로소 승부에서 좋은 결과를 얻을 수 있다.

이것을 카드센스라고 하는데 카드에 대한 재능을 말하는 것으로, 카드센스는 눈으로나 감으로 알 수 있는 것이 아니고 실제로 경험해 보아야 알 수 있는 것이다.

게임은 보편적으로 수학에 능하거나 수학적인 재능을 갖춘 사람이 유리하다. 다시 말하면 게임에서 이기기 위해 플레이어는 승부와 항시 호흡을 같이해야 하며 그 흐름을 잘 읽어내야 한다.

승부는 또한 파도와도 같다. 밀려올 때가 있으면 또 밀려갈 때가 있는 것이다. 물결 흐름에 몸을 맡기고 파도를 타고 가면 쉬워도 파도를 거스르고 역행하면 힘들고 어려워진다.

아무리 좋은 패를 가지고 있다 하더라도 게임에 질 수밖에 없는 것은 승부의 리듬에 저항했거나 흐름이 나빴기 때문이다. 반대로 또 나쁜 패를 들고도 계속해서 이겨나가는 것은 그때가 바로 승리의 물살을 타고 있을 때이기 때문이다. 승부에 강한 사람은 이처럼 지금이 승리의 물살 때인지, 아니면 승부하는 것이 좋지 않을 때인지를 동물적으로 알아차린다.

예를 들어 딜러의 끗발이 셀 때에는 최소한의 베팅으로 피해를 최소화하며 카드 흐름이 바뀔 때를 기다리는 지혜로움을 가지고 있어야 한다. 반대로 딜러가 자주 버스트(BUST)될 때에는 자신에게 유리한 흐름이라는 것을 알게 되는데 이때야말로 과감히 승부를 해야 할 때다.

지고 있다고 무턱대고 승부를 하는 것이 아니라 앞에서 말한 바대로 계속해서 카운트를 하고 있어야만 한다. 보통의 경우 사람들이 돈을 잃는 이유는 열을 받았다고 해서 무리한 승부를 계속해나가기 때문이다.

열을 받는다는 것은 냉철한 승부의 세계에서는 절대 금물이다. 자신을 다스리는 훈련을 평상시에 해두어야 한다. 나도 젊은 시절에는 열도 잘 받고 성미도 급해 승부하기에는 적절치 않은 구석이 많았다. 그래서 스스로 여러 방법을 통해 승부사가 되기 위해 단련하는 시간을 가졌다.

첫 번째는 사우나에 제일 먼저 들어가 가장 나중에 나오는 사람이 되겠다는 각오를 했는데, 어떤 때는 사람들이 계속해서 들어오고 시간이 예상외로 너무 많이 경과되는 경우도 생겼다. 모처럼 사람이 다 나가고 없어 나가려다가 누군가 들어오면 다시 앉기를 반복하다 보면 두어 시간이 경과하여 정말로 참기 힘든 경우도 생겼다.

두 번째는 암벽등반이라는 아주 위험하고 힘들고 격한 운동이었다. 인수봉을 올라갈 때면 너무 어렵고 힘들어 인간 한계에 도전하고 있다는 생각을 할 때가 많았다. 돈이 나오는 것도 아닌데 이 어렵고 힘든 인수봉을 내가 왜 또 왔나 하고 수십 번도 더 후회하고 올라가지만 산을 내려오면 성취감과 자신감이 생기게 된다. 내가 이 어려운 인수봉을 또 올라갔다 왔네, 내일 한 번 더 와야겠구나 하고 말이다.

세 번째는 수상스키 같은 운동을 하며 인내심을 키웠다. 수상스

키나 암벽을 하게 되면 평상시에 쓰지 않던 모든 근육을 다 쓰므로 운동을 하고 나면 안 아픈 데가 없을 정도다. 항상 운동을 하시는 분들은 그렇지 않지만 나처럼 어쩌다 하는 사람들은 너무나 힘든 것이 암벽등반 같은 운동이다.

아무튼 여러분도 스스로를 다스릴 수 있는 방법을 개발하여 평소에 흔들리지 않는 안정된 마음을 오래 유지하는 훈련을 할 필요가 있다.

Point

흐름을 보면 다음 카드가 무엇인지 알 수 있게 된다.

가령 낮은 카드가 두세 장 이어지면 다음 카드도 낮은 카드일 가능성이 많다든지, 높은 카드가 연속적으로 4~5번 나오면 다음번은 이제 낮은 카드 차례라고 하는 식의 감이 다가오게 된다.

그것도 일종의 게임 리듬인데, 그런 것을 아무것도 아니라는 듯이 무관심하게 거역해서는 낭패를 본다.

3. 최상의 컨디션을 유지하라

실력 이상으로 중요한 것은 최상의 컨디션을 유지하는 것이다. 좋은 컨디션을 유지하고 있어야 하는 이유는 다음과 같다.

◆ 정확한 카운트를 하기 위해서

◆ 승부 리듬을 잃지 않기 위해서

◆ 오판을 하지 않기 위해서

◆ 승부가 길어질 때를 대비하기 위해서

컨디션을 잃은 상태에서는 딜러가 유리한 상황에서조차도 자기에게 유리한 것으로 착각하기 쉽다. 이러한 컨디션을 가지고 돈을 따낸다는 것은 요행을 바라는 일과 같다.

카지노 측에서는 손님들 호주머니를 털기 위해 갖은 수단과 방법을 동원해 당신을 게임장으로 달려오도록 유도한다. 한번 게임에 가담하기만 하면 당신의 돈을 완전히 털어내고야 마는 것이 카지노다. 이를테면 바깥과 완전히 단절되도록 해서 시간을 구별할 수 없도록 만든다든지, 공짜 술을 제공한다든지 해서 당신의 컨디션을 엉망으로 만들어버릴 것이다. 술을 마시며 게임에 임하는 것은 절대로 해서는 안되는 일이다.

따라서 당신은 며칠씩 연속해서 게임에 참가하는 어리석은 일은 하지 않는 것이 좋다. 조금 돈을 잃었다고 해도 자기와 약속한 시간이 되면 어김없이 자리를 털고 일어설 줄 알아야 한다. 항상 최상의 컨디션과 맑은 정신으로 승부를 하는 것이 조금이라도 돈을 덜 잃게 되는 비결이다. 몸이 피곤할수록 실수나 잘못된 판단이 나온다는 점을 항상 명심하고 있어야 한다.

4. 부지런히 연습하라

우리말에 선무당이 사람 잡는다는 말이 있다. 이는 어설프게 배운 사람이 게임에 나가서 연속으로 돈을 따는 경우를 말한다. 이런 사람들은 자신이 돈을 딸 때면 실력 때문에 돈을 딴 것이라고 곧잘 착각을 한다. 이런 때에는 처음부터 돈을 잃는 경우보다 더 나쁜 결과를 초래하게 된다.

예를 하나 들어보자. 우리가 대학 4학년을 마치고 졸업을 해서 어려운 취직 관문을 뚫었다고 치자. 그 사람은 과연 얼마나 월급을 받게 될까? 그런데 포커나 블랙잭 전문가들은 마음만 먹으면 이들의 월급이나 연봉을 하루 저녁에도 딸 수 있다. 이것은 무엇을 말하는 것일까? 그것은 포커나 블랙잭 전문가들이 대학에서보다 더 많은 공부와 연습을 했다는 것을 의미한다.

이 세상에서 거저 얻어지는 것은 없다. 당신이 의사라면, 당신이 대기업 간부라면, 그동안 많은 공부로 실력을 쌓아왔다는 것을 의미한다. 당신이 아무 하는 일 없이 빈둥빈둥 노는 사람이라면 당신이 자신의 미래를 위해 아무런 노력도 기울이지 않았다는 것을 의미한다.

아인슈타인의 명언 중에 "오늘과 내일의 하는 일이 똑같으면서 더 나은 내일을 꿈꾸는 것은 미친 짓이다"라는 말이 있다. 모든 사람에게 새로운 아이디어를 구상하고 공부하고 노력을 더 하라는 충고일 것이다. 따라서 블랙잭 전문가가 되었다는 것은 그만큼 피나는 공부와 연습과정을 거쳤다는 것을 의미한다.

새벽이 되면 신문을 집집마다 던져 넣는 사람이 있다. 처음에는 그가 던져 넣는 장소가 제각각이었다. 하지만 일 년 이 년 시간이 흐르면서, 그는 이제 마음만 먹으면 어디든 던져 넣을 수가 있다. 현관 앞이든, 강아지 집 앞이든 말이다.

따라서 당신이 카지노를 방문해 돈을 따는 사람이 되고 싶다면 차근차근, 하나하나 공부하는 습관을 들이는 것이 중요하다. 지금의 내 말이 그다지 이해가 되지 않을지도 모른다. 하지만 실력이 늘다 보면 '아' 하고 저절로 깨닫게 되는 때가 반드시 있을 것이다.

그때에는 당신 실력이 그만큼 향상되었음을 뜻한다.

5. 살아 있어라

옛말에 "살아 있어야 좋은 날을 본다"는 말이 있다. 이 말은 아무리 좋은 세상이 와도 죽은 사람은 볼 수 없다는 뜻이다. 이는 블랙잭에 썩 어울리는 말이기도 하다. 자신이 히트(Hit, 카드 한 장을 더 가져가는 것)를 선언했는데 21이 넘어 오버(Over)가 되어버리면 딜러가 당신의 돈을 가져가버린다. 이 경우를 버스트(Bust)가 났다고 한다.

따라서 결정하기가 어렵거나 애매할 경우 플레이어는 히트보다는 무조건 스탠드해야 한다. 물론 그때까지 면밀하게 카운트를 해왔다면 자신의 판단에 따라 스탠드와 히트를 결정하면 된다. 하지만 만약 카운트를 하지 않고 있었다면 히트보다는 스테이를 선택하는 것이 더 좋다는 뜻이다.

Point

다시 한 번 강조한다. 히트할지 스탠드할지 망설여지는 부분이 있다면 살아남는 쪽을 택하라. 카운트를 하지 않고 게임의 흐름을 읽을 줄만 알아도 지지 않을 수 있다.
블랙잭에서 자주 승리하는 사람들은 받고 싶은 충동을 느낄 때도 받지 않는 사람들이다. 내가 살아 있으면 적어도 28%의 이길 확률이 있다. 이런 작은 부분들이 적중했을 때, 좋지 않았던 승부 흐름을 단번에 역전시켜 승리로 이끌 수 있다.

6. 승부는 장사와도 같다

인생에는 굴곡이 있기 마련이다. 잘나갈 때가 있는 반면 한두 번 심한 곤경에 처할 때가 있다. 이때를 대비하여 우리는 저축을 한다든지 보험을 들어두든지 한다. 그래야만 곤경을 슬기롭게 극복할 수 있는 것이다.

장사도 마찬가지다. 한번 잘되는 장사가 언제나 잘되란 법은 없다. 잘되는 시기가 있다면 그렇지 않은 시기가 반드시 있는 것이다. 그렇다면 장사가 잘될 때 가급적 많은 돈을 벌어놓아야 한다. 절약을 하는 시기도 잘 안 될 때가 아니라 장사가 잘될 때다. 이때 절약을 해서 가급적 많은 재산을 불려놓아야 한다.

블랙잭도 이와 마찬가지로 이길 때는 최대한으로 이겨야 한다. 모든 승부에서는 질 때, 혹은 게임이 잘 풀리지 않을 때에 피해를 최소화하는 것이 게임을 승리로 이끄는 요령이다. 장사를 하다 보면 손해를 보는 경우가 있는 것처럼 게임을 하다 보면 손해를 보는 경우도 반드시 있다. 이때 그 손해를 최소한으로 해야 한다는 것이다.

그러려면 스탠딩을 하는 타이밍을 잘 잡아야 한다. 보통 사람들은 이길 때는 제대로 이기지 못하면서 질 때는 화끈하게 지곤 한다. 이것이 카지노에서 돈을 잃게 되는 비결이다.

딜러가 한창 잘되며 물이 올라 있을 때 손님 입장에서는 화가 나기 마련이다. 이때 초보자나 잃기를 좋아하는 사람은 오기로 더 많은 베팅을 해서 더 큰 화를 자초하는 것이다.

어떤 카드 게임이든 흥분은 금물이다. 특히 블랙잭에서는 자신을 다스리지 못하면 결국 돈을 잃는다. 블랙잭은 자기를 여하히 잘 다스리며 흐름을 타야 하는 게임인 것이다.

7. 소나기는 피해가라

블랙잭에서 가장 중요한 것은 승부의 흐름을 읽어내는 것이다. 우리말에 "소나기는 피해가라"는 말이 있다. 즉 딜러의 기세가 한창 오를 때에는 최소한의 베팅으로 카드를 많이 빼앗아내는 것이 유리하다. 카드를 많이 뽑아내면 낼수록 전체적인 흐름을 파악하기 쉬워지기 때문이다. 이렇게 되면 플레이어가 유리해지고 딜러가 불리해질 수밖에 없다.

이렇게 흐름을 읽어가다 보면 자기에게 유리한 리듬이 반드시 오게 마련이다. 즉 딜러는 버스트가 자주 나며 플레이어에게는 19나 20 같은 좋은 패가 계속해서 주어지는 것이다.

이럴 때는 플레이어에게 아주 유리한 흐름이라고 단정해도 좋다. 이때에는 과감하게 베팅해서 잃었던 기세를 회복하고 확실한 승기를 잡아내야 한다. 이럴 때 제대로 된 승부를 하지 못한다면 좋은 시절을 덧없이 보내게 되고 다시 힘든 시기를 맞게 되는 법이다.

앞서 말했듯이 그날 총체적인 게임의 승리를 쟁취하는 길은 찬스에서 확실한 승리를 거두어들이는 것이다. 찬스에 강한 자만이 진정한 블랙잭 실력자가 될 수 있다.

이상 일곱 가지 점을 유의하고 실천할 수 있다면, 그리고 이 책을 깊이 있게 이해했다면 당신은 이 세상 어느 카지노에 가서도 블랙잭만큼은 좀처럼 지지 않게 된다. 즉 이 책은 당신이 카지노에게 1.5~2%가량 불리한 것을 카지노 룰에 따라 0.5~1%가량 당신에게 유리하게 만들어줄 것이다.

사람들은 다음 경우에 스탠드보다는 히트를 하고 싶어진다.

♣ 돈을 많이 잃고 있을 때
♣ 오랜 시간 플레이를 해서 판단이 흐려졌을 때
♣ 뱅크 롤(bankroll) 자금이 적을 때
♣ 시간이 없을 때
♣ 옆에 앉은 플레이어와 손발이 맞지 않아 짜증이 날 때
♣ 큰돈을 베팅했을 때

이때 보통 한 장을 더 받아 큰 숫자를 만들고 싶어지는 경향이 있는데 블랙잭은 자신의 숫자 합이 높다고 이기는 게임이 아니다. 이럴 때는 다음과 같이 처신해야 한다.

♣ 최선의 선택은 지금이라고 생각하고 스탠드를 선언한다.
♣ 잠시 차를 마시며 쉰다.
♣ 마지막으로 자리를 다른 곳으로 옮겨본다.
♣ 만약 "다음번에는 괜찮을 거야." 하고 계속 그 자리에 남아 있으면 그날
   은 가지고 간 돈을 모두 잃는 날이 될 가능성이 크다.

리듬의 중요성

블랙잭은 일종의 '리듬의 게임이다'라는 말은 앞에서 설명한 바 있다. 이 리듬의 중요성을 시사해주는 일화 한 가지를 소개하겠다. 오래전 라스베이거스의 시저스 팰리스 호텔에서 있었던 일이다. 시저스 팰리스 호텔이라면 과거 복싱게임의 빅 매치가 자주 열려 우리에게도 귀에 익은 호텔이자 라스베이거스에서도 명성으로 따지면 1, 2위를 다투는 유명한 호텔이다.

이 호텔에 한 손님이 주말을 이용해 게임을 하러 왔다. 그는 블랙잭 게임을 하다가 한자리에서 약 30만 달러를 잃었다. 약이 오를 대로 오른 그는 홧김에 딜러에게 한 가지 제안을 했다.

"지금부터 내가 딜러의 패를 받고 딜러가 내 패를 가지고 게임을 하면 어떻겠소?"

서로 패를 바꿔 가지는 것이므로 못할 이유는 없었다. 하지만 그것은 룰에 위배되는 것이므로 딜러 혼자서 결정할 사항은 아니었다. 딜러는 고개를 돌려 뒤에 서 있던 칩 보스를 불렀다. 그러고는 상황을 설명했다. 칩 보스는 잠시 생각하다가 그래도 좋다고 허락했다.

그렇게 게임이 벌어졌다. 손님은 3천 달러를 걸었고 서로 카드를 바꿔 가지는 이 게임에서 손님이 보기 좋게 승리했다. 그러자 칩 보스의 마음이 달라졌다. 그는 룰을 어겨가며 게임을 진행해 3천 달러를 잃게 한 자신의 결정이 문책을 몰고 올 것을 염려해서 지불을 거절하기로 마음을 먹었다.

"이번 게임은 룰을 벗어난 것이므로 지불을 해드릴 수 없습니다."

문제는 단번에 커졌다. 화가 난 손님은 좀 더 높은 보스를 불러오라고 고래고래 고함쳤다. 잠시 후 총지배인이 달려왔다. 지배인은 칩 보스와 손님의 설명을 들었다. 그리고 좀 전의 게임을 담은 비디오테이프를 면밀하게 관찰했다. 마침내 그의 결정이 떨어졌다.

"이 판은 룰을 벗어난 것이긴 하지만 저희들 잘못으로 야기된 것이므로 응당히 지불을 해드리도록 하겠습니다."

총지배인은 그 즉시 판돈인 3천 달러를 지급토록 했다.
당시의 3천 달러는 매우 큰돈이었다. 하지만 문제는 거기서 끝나지 않았다. 손님은 카지노 측으로부터 그 금액을 수령하는 것을 거부했다. 그리고 곧장 카지노를 상대로 소송을 제기했다.
그의 주장은 다음과 같았다.

"나는 이제 겨우 승리의 리듬을 잡았다. 그런데 그 와중에 카지노 측이 고의적으로 시비를 걸어 무드를 깨어버렸기 때문에 더 많은 돈을 딸 수 있는 기회를 놓쳐버렸다. 따라서 카지노 측은 승리의 리듬을 깬 대가로 내가 주말에 잃었던 30만 달러 전액을 배상해야 할 것이다."

이에 시저스 팰리스 호텔은 간부회의를 열고 재판으로 가지 않고 그들만의 결정으로 30만 달러를 배상할 것을 결의했다. 소송까지 간다면 카지노가 당연히 승리할 수도 있었으나 자신들의 호텔 이미지를 손상시키지 않으려는 노력이었다.
그것은 아주 옳은 결정이었다. 지루한 소송까지 갔다면 이 일은 세인의 관심을 끌었을 것이고, 카지노는 그 이상으로 이미지에 상당한 손상을 입었을 것이다.

지금까지의 과정을 재구성해보면 다음과 같은 상황이 된다.
당시 손님은 게임의 대세를 잃고 있었다. 그는 계속해서 잃고 있었고 반대로 딜러는 계속해서 따고 있었다. 그는 이 대세를 돌려놓기 위해 카드를 바꿔서 게임을 진행하자고 요구한다.
카지노 측은 이 요구를 당연히 거절했어야 한다. 하지만 카지노 측은 잠깐 동안 승부의 리듬이 얼마나 중요한 것인지를 간과한 나머지 이 요구를 승낙하고 만다. 나중에 사건이 커지고 나서 시저스 팰리스 호텔 측은 한 손님의 억지 주장을 이유 있다고 생각하고 30만 달러라는 거금을 내어주게 된다. 그들 역시 승부의 리

듬이라는 마술의 열쇠를 잘 인식하고 있기 때문에 내려진 결정이
었다.

덕분에 펠리스 호텔 측은 사람들로부터 "과연 시저스답다"는 칭
송을 들었다. 또 아직까지도 시저스는 라스베이거스의 초특급호
텔로 이름을 날리고 있다.

한두 번의 실수가 승부의 호흡을 바꾸는 법이다.
앞서 말했듯이 게임을 벌여나가다 보면 반드시 자신에게 유리한
상승세가 오기 마련이다. 하지만 이때에 집중하지 못하고 한두
번 실수를 저지르다가는 단번에 자기에게 불리한 분위기가 형성
된다. 이것은 자신만 잘해서 그리 되는 것이다. 가령 같은 테이블
에 앉은 사람이 나쁜 플레이를 했을 경우에도 좋은 흐름이 급격
하게 악화되는 경우를 종종 볼 수 있다.

그러므로 플레이어는 나쁜 흐름이 아니라 좋은 흐름일 경우에 더
욱 집중해서 흐름의 방향이 순식간에 바뀌지 않도록 해야 한다.
마음을 놓고 방만하게 게임을 운영하다가 좋은 흐름이 뒤바뀌지
않도록 해야 하는 것이다.

그렇다고 같은 테이블에 앉은 사람의 플레이에 너무 연연해서도
안 된다. 그들을 카지노를 상대로 같이 싸우는 동료처럼 여기고
실수를 저질렀더라도 관대한 마음으로 실수를 재빨리 잊어버릴

수 있어야 한다. 그들에게 흥분한다고 해서 당신에게 도움이 되는 것은 전혀 없다. 오히려 당신이 파트너에 대해서 분개심을 가지면 가질수록 딜러만 더 유리해진다. 같은 테이블의 플레이어가 항상 나쁜 선택만 하는 것은 아니기 때문이다.

간혹 그들의 나쁜 흐름을 좋은 흐름으로 바꾸어놓을 수도 있으므로 자기에게 50 대 50의 손해와 이익을 끼친다고 편하게 생각하는 것이 좋다.

카지노가 겨우 1.5~2%의 유리함만으로 손님들 주머니를 털어가는 이유는 무엇 때문일까? 그것은 딜러가 잘해서라기보다는 손님의 사소한 실수, 그들끼리의 분쟁 내지는 적개심 덕분이다. 그것이 카지노의 주머니를 채워주는 원인이 된다.

카지노가 1%만 유리해도 손님은 무슨 게임이든 이기기 힘든 것이다.

TIP

진정한 승부사는 일확천금을 노리는 사람이 아니라 줄기차게 승리의 리듬을 지켜내는 사람이다.

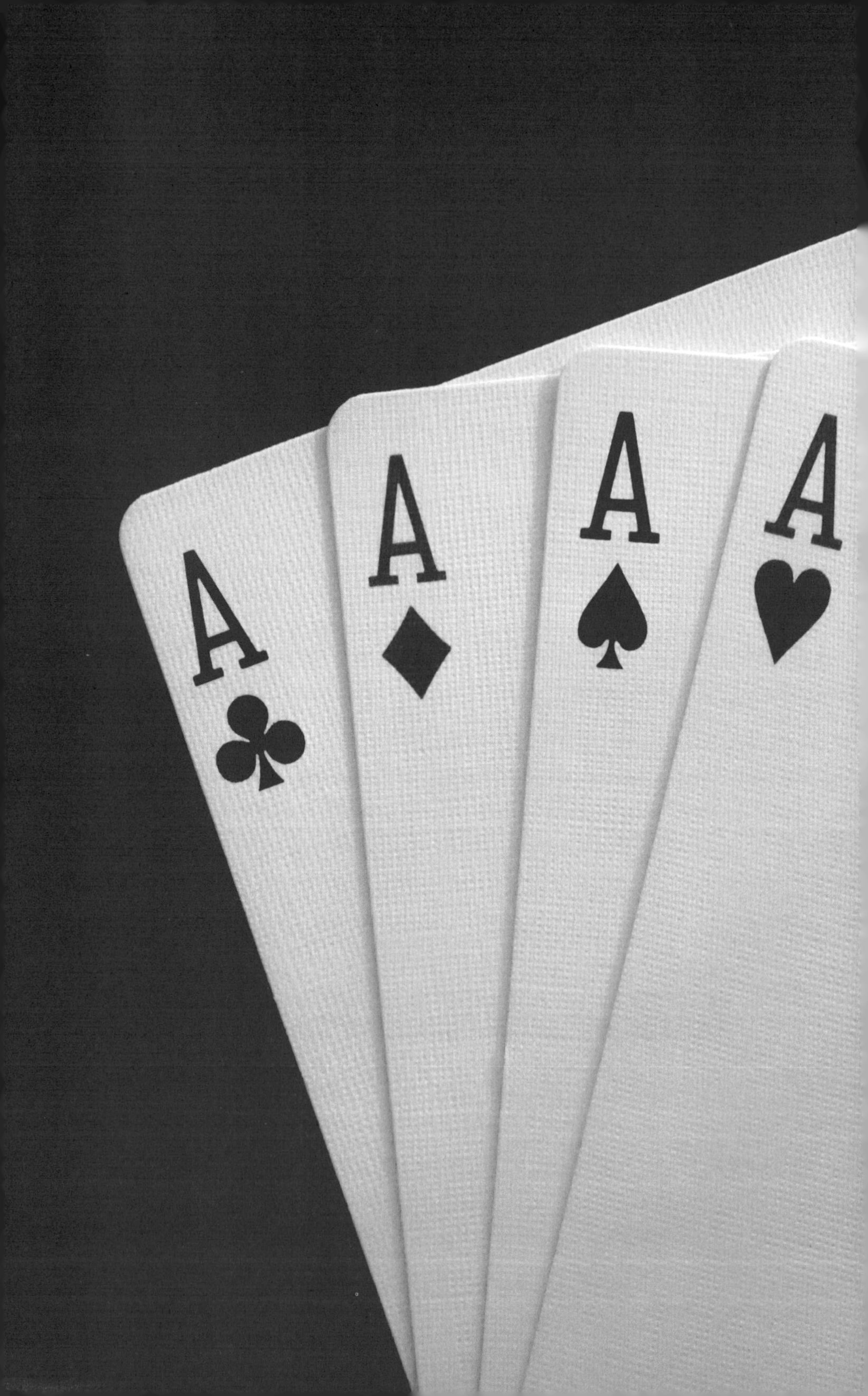

블랙잭,
어떤
게임인가?

2장

1. 기초용어 설명

　다음 용어는 중복되는 경우도 없지 않으나 이 책에서 전술을 설명할 때, 또 외국 카지노 실전에서 사용되는 용어이므로 복습하는 차원에서 다시 한 번 훑어보고 넘어가자.

　카지노에서 벌어지는 블랙잭 테이블에는 영어가 사용되고 있다. 따라서 다소 외우기 힘들고 어려운 용어가 나오더라도 반드시 외워두어야 한다.

　또 앞서 설명한 공식에 대해 전략이라는 용어로 다시 설명하려 하는데, 이것은 매우 중요한 사항이므로 반복해 읽음으로써 명확히 알아둘 필요가 있다.

🎲 딜러(dealer)

카지노에서 손님에게 카드를 나누어주는 사람

🎲 칩(chip)

카지노에서 돈 대신 사용하는 둥근 원판

🎲 베팅(betting)

패를 받기 전 돈을 거는 행위

🎲 업 카드와 홀드 카드(Up card & Hold card)

카드는 플레이어와 딜러에게 모두 2장씩 주어진다. 플레이어의 카드는 두 장 다 펼쳐놓아야 하고, 딜러의 카드는 한 장은 펼치고 한 장은 덮어놓는다. 딜러의 펼친 카드를 업(Up) 카드, 덮어놓은 카드를 홀드(Hold) 카드라고 한다.

🎲 덱(Deck)

앞으로 플레이어들에게 나눠줄 카드, 즉 사용하지 않은 카드를 말한다. 게임은 카드를 몇 벌 가지고 하느냐에 따라 싱글 덱(52장으로 하는 게임), 더블 덱(104장으로 하는 게임) 등으로 부른다.

블랙잭에 사용되는 카드는 기본적으로 원 덱(one deck, 카드 한 벌) 52장으로 되어 있다. 카지노에 따라 혹은 테이블에 따라 원 덱을 사용하기도 하고, 더블 덱(double deck, 카드 두 벌) 104장, 혹은 슈 덱(52×6=312장)을 사용하기도 한다.

보통은 플레이어가 원하는 방식으로 게임을 진행한다. 따라서 게임에 참가할 때에는 그 테이블에서 어떤 덱을 사용하는지를 미리 알아야 한다. 왜냐하면 원 덱이냐 투 덱이냐 멀티플 덱이냐에 따라서 많은 전략상의 차이를 보이기 때문이다.

🎲 버스트(Bust)

받은 카드의 숫자 합산이 21을 넘으면 플레이어는 그 순간에 지고 만다. 딜러 역시 21이 넘으면 지고 그때까지 게임에 남아 있는 사람이 승리를 하게 된다. 21이 넘는 경우를 버스트 났다고 한다.

🎲 프리미엄 카드(Premium Card)

그림 카드 J, Q, K는 모두 10으로 계산하고 그 이외 나머지 카드는 그 카드의 숫자대로 계산하면 된다. 따라서 한 덱 안에서 가장 나올 확률이 많은 카드 숫자는 10이다.

블랙잭에서 무늬는 그다지 중요하지 않다. 그러나 무늬가 전혀 의미 없는 것은 아니다. 무늬는 지난번 판에 어떤 카드가 나왔는지를 기억하는 데 이용할 수 있어야 한다.

한 덱 안에서 10이 나올 확률은 약 31%이지만 다른 카드가 나올 확률은 고작 8% 정도이다. 이 점은 꼭 유념해두어야 한다. 기본 전략을 구성하는 가장 기초적인 지식이 될 수 있다.

🎲 스테이(Stay)

기다린다, 지나가다, 통과의 의미로 대부분 손으로 지나가라는 동작, 가령 옆으로 쓱 긋는 등의 동작을 표시한다.

🎲 와일드 카드(Wild Card)

A는 플레이어나 딜러가 1이나 11로 경우에 따라 자신에게 유리하게 사용할 수 있는 유일한 카드이다.

🎲 소프트와 하드(soft and hard)

소프트 15: A, 4 이때 A는 11로 쓰였다. 이처럼 A가 11로 쓰이는 경우를 소프트 15이라고 한다.

하드 5: A, 4, 10 이때 A는 1로 쓰였다. 이처럼 A가 1로 쓰이는 경우를 하드 5라고 한다.

예 A+4+10

이 경우 A는 당연히 1로 쓰였다.

A를 11로 썼을 경우는 버스트가 된다.

토탈(카드의 합계)을 낼 때 소프트와 하드를 구별하는 것은 에이스가 1로 쓰이느냐 11로 쓰이느냐에 따라 다르다. A를 11로 쓸 때의 합계는 소프트 00라고 하고, 1로 쓸 때의 합계는 하드 00라고 한다. 플레이어는 이 A를 자신에게 유리하게끔 적절하게 사용하면 된다.

🎲 히트(Hit)

21이 되기 전까지 계속해서 한 장을 더 받아보는 것을 히트한다고 한다. 손으로 테이블 표면을 살짝 자기 앞쪽으로 쓸어주는 신호를 보내면 된다.

🎲 스탠드(Stand)

더 이상 카드를 받지 않고 받은 상태에서 딜러의 토탈이 나오기를 기다리는 것을 말한다. 스탠드할 때는 손을 두 번 좌우로 흔든다.

딜러의 카드가 4, 5, 6일 때 자신의 카드가 웬만큼 낮지 않을 때는 스탠드하는 것을 원칙으로 한다. 그 이유는 딜러가 버스트 날 확률이 높기 때문이다.

🎲 토탈(Total)

자기가 받은 카드 숫자의 합계를 말한다.

🎲 보험(Insurance)

딜러가 블랙잭이 될 가능성이 많아 보일 때 플레이어는 인슈어런스라고 하는 일종의 보험을 들 수가 있다. 가령 딜러의 오픈카드(업up 카드라고 한다)가 A가 나왔을 경우 블랙잭이 되려면 10이나 J, Q, K가 나와야 한다.

이런 카드가 나올 확률은 보통의 경우, 특히 One deck인 경우 앞서 말했듯이 31% 확률이다. 따라서 위험부담을 줄이기 위해 플레이어는 보험을 들 수 있는 것이다.

딜러는 자기의 펼친 카드가 A일 경우 플레이어에게 인슈어런스를 살 것인지 묻는다. 플레이어는 보험에 가입할 수도 있고 하지 않을 수도 있다. 보험에 가입하려면 자신이 애초에 베팅한 금액의 절반을 낸다.

만약 딜러가 블랙잭이라면 보험금을 포함한 모든 베팅의 돈을 되돌려 받으므로 결국 한 푼도 잃지 않는 셈이 된다. 반면 딜러가 블랙잭이 아니었을 경우는 보험금을 딜러가 가져가고 게임을 지속시킨다.

Attention

우리는 여기에서 하나의 전략을 세울 필요가 있다. 자신의 토탈이 나쁠 경우에는 보험에 들 필요가 없다. 자신의 토탈(합계)이 20일 경우에만 보험에 드는 것을 원칙으로 삼아야 한다.

더블다운(Double Down)

플레이어는 자신의 카드와 딜러의 카드를 지켜본 후 더블다운을 선택할 수 있다. 일종의 '찬스'를 쓰는 것. 자신의 패가 딜러보다 현저하게 유리하다고 판단되면 더블다운 찬스를 사용하는 것이다. 만약 더블다운을 선언한 후에 이기게 되면 두 개의 베팅을 했으므로 두 개의 베팅액을 전부 다 받을 수 있다.

블랙잭이 다른 게임보다 플레이어에게 유리한 것은 이처럼 더블다운 찬스가 주어지기 때문일 것이다. 만약 플레이어가 20달러를 베팅했는데 유리한 토탈이 되었다면 더블다운을 선언해 40달러를 벌 수 있다.

이때 플레이어는 유리한 상황에서 20달러를 더 베팅할 수 있다. 더블다운은 두 장의 카드를 받고 결정한다. 단 더블다운을 선언하면 다음번에는 한 장밖에 더 받을 수가 없다. 즉 3장 안에서 결판을 보아야 한다는 뜻이다.

🎲 스플릿(Split)

이 제도가 있어 블랙잭은 다른 카드 게임에 비해 플레이어에게 유리하다. 스플릿은 나눈다는 뜻으로, 두 장의 카드를 한 장씩 나누어 동시에 두 개 게임을 진행하는 것이다. A-A, 8-8, 이처럼 두 장의 카드가 들어오면 둘로 나누어 각각의 게임을 진행시킬 수 있다. 이렇게 되면 나누어진 패에 각각 베팅을 하게 되므로 승리했을 경우 2배 수입을 거두어들일 수 있다.

이처럼 플레이어에게 유리한 상황이 되면 최대한 그 기회를 이용해 딜러로부터 돈을 빼앗아와야 한다. 이것이 게임을 승리로 이끄는 하나의 방법이다. 하지만 항상 이기는 것이 아니고 질 때도 있으므로 이때에는 두 배의 돈을 잃는 셈이 된다. 스플리팅하기 전에는 확실히 이긴 패도 스플리팅을 하고 나서는 형편없는 패로 전락할 수 있다. 그러므로 스플리팅을 잘 고려해서 선택해야 한다.

스플리팅을 선언하면 두 장의 카드를 하나씩 나누고 각 장마다 추가로 카드를 받는다. 추가로 받은 카드가 다시 같은 숫자일 경우에는 다시 스플리팅을 할 수 있다.

단 A를 스플리팅했을 경우에는 한 장만 추가로 더 받을 수 있다. 따라서 A를 스플리팅하면 다시 히트할 권리는 없는 것이다.

카지노에 따라서 스플리팅을 한 연후에 받은 카드가 토탈이 좋으면 더블다운을 할 수 있는 곳이 있는가 하면, 스플리팅 이후에는 더블다운을 허락하지 않는 곳도 있다.

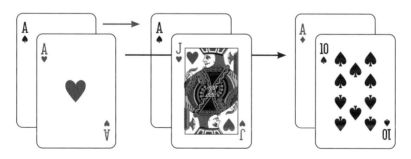

두 장의 A를 스플리팅한 후 두 개의 게임을 진행하는 경우

5-5와 10-10은 스플리팅을 하지 않는 것이 원칙이다.

5-5는 유리한 카드를 스플리팅함으로써 불리한 카드로 만들어놓기 때문이다. 10-10은 거의 이겨 있는 카드를 스플리팅함으로써 자신을 위험 속으로 몰아넣는 경우가 생기기 때문에 피해야만 할 일이다.

9-9는 스플리팅을 할 수도 있고 하지 않을 수도 있다.

A-A, 6-6, 4-4, 8-8은 모두 스플리팅을 하는 것이 원칙이다. 단 딜러가 A를 오픈하고 있으면 A-A이라도 스플리팅을 하지 않는 것이 좋다.

딜러의 오픈카드 8에 대해서는 스플리팅을 하지 않는다. 대신 딜러의 오픈카드가 9나 10인 경우에는 스플리팅을 할 수 있다. 그것은 이미 딜러가 9-10처럼 이미 높은 카드를 가졌을 가능성이 많기 때문에 이미 2.5 : 1 정도로 딜러에게 뒤져 있을 가능성이 큰 것이다.

특히 딜러의 낮은 자에 대해서는 반드시 하는 것으로 본다. 때에 따라서는 딜러의 카드가 7 이상으로 높을 때는 안 하는 것도 좋다.

이처럼 반드시 스플리팅을 해야 하는 페어라도 상황이 바뀌면 스플리팅을 안 해야 하는 쪽으로 방향을 선회할 수도 있다.

딜러의 오픈카드 3과 같이 낮은 카드에 대해 2+2, 3+3, 4+4와 같은 페어는 스플리팅을 안 하는 것이 대세이다. 이처럼 플레이어들 앞으로 낮은 카드들이 빠져나가면 딜러에게 유리하다.

앞선 동료 플레이어들이 비슷한 카드를 들고 스플리팅을 실시하지 않으면, 꼭 해야 하는 경우를 제외하고 동료들 플레이에 따라가준다. 그것은 일종의 리듬타기이며 동료들과의 협력을 강화시켜주는 일이다.

이렇듯 스플리팅은 이길 수 있는 기회에서 높은 베팅을 하는 찬스이지만 반대로 한 번에 많은 돈이 투자된다는 점을 염두에 두어야 한다. 이익도 크지만 손실도 크다는 것이다.

서렌더(Surrender)

이것은 두 장의 카드를 받은 후 딜러에 대해 나의 카드가 형편없이 나쁠 때 기권할 수 있는 기회를 주는 것을 말한다. 이 역시 다른 게임에 비해 플레이어에게 유리한 점이다. 기권이 되면 자신이 베팅한 금액의 반만 잃게 된다.

단 히트를 했거나 스플릿을 한 경우에는 서렌더가 허락되지 않는다. 도저히 승산이 없다고 판단될 때는 서렌더를 해서 베팅 금액의 반이라도 아끼는 전략이다.

단 서렌더를 허락하지 않는 카지노도 있으므로 미리 게임에 참가하기 전 알아두어야 할 사항이다.

Attention

서렌더를 선언할 수 있는 적절한 상황은 딜러가 9나 10을 가지고 있을 때, 자신의 두 장 카드의 합이 나쁜 조합을 이루고 있을 때, 예를 들어 14, 15, 16일 경우 서렌더를 하는 것이 좋다.

2. 블랙잭의 룰

이제부터 블랙잭에 대한 간단한 룰(규칙)과 진행 방법을 설명하도록 하겠다.

블랙잭은 2장 이상의 카드를 합쳐 그 수가 21이 되도록 만드는 게임이다. 카드 수를 합쳐 21을 넘기면 버스트(bust)가 났다고 하며 딜러의 합과 상관없이 무조건 지게 된다. 이것이 블랙잭에서 플레이어에게 매우 불리한 룰이다.

두 장의 합이 21이 되는 경우(예 A+10)는 블랙잭이라고 하며, 플레이어는 베팅(판돈으로 건 돈)한 액수의 1.5배를 받게 된다. 가령 10달러를 걸었다가 블랙잭이 되면 딜러로부터 15달러를 받는다. 이것은 플레이어에게 매우 유리한 룰이다.

쉽게 말해서 블랙잭은 딜러와 플레이어의 패를 비교해 21이 되거나 21에 근접한 사람이 승리하는 게임이다.

앞으로 이 책에 나오는 A는 카드의 에이스를 뜻한다. A는 와일드카드(wild card)로 자기의 필요에 따라 1로도 사용할 수 있고 11로도 사용할 수 있다. 그러므로 블랙잭에서 와일드카드인 A는 귀한 카드로 대접을 받는다.

A를 1로 사용한 경우를 하드(hard)라 부르며, A를 11로 사용했을 경우를 소프트(soft)라고 부른다.

카드는 처음에 손님과 딜러에게 각자 모두 2장씩 주어진다. 손님의 카드는 두 장 다 펼쳐놓아야 하고 딜러의 카드는 한 장은 오픈하고 한 장은 덮어놓는다. 오픈카드를 우리는 딜러의 오픈카드(open card) 혹은 업 카드(up card)라고 부른다. 그리고 가려진 카드를 딜러의 다운카드 (down card), 혹은 홀드 카드(hold card)라고 부른다.

손님은 버스트가 되지 않는 한 어떠한 상황에서도 두 장 이상의 카드를 받을 수 있다. 하지만 딜러는 하드 17이 되면 더 이상 카드를 받지 못한다.

카지노에 따라 소프트 17일 경우(예 A+6)에 카드를 더 받을 수도 있고 받지 못할 수도 있다. 즉 카지노마다 약간씩 룰이 다르므로 미리 그 카지노가 어떤 룰을 사용하는지를 알아두어야 한다.

3. 게임방법

블랙잭은 카지노에서 가장 인기 있는 종목 중 하나이다. 카지노 게임 중 플레이어에게 가장 유리한 게임으로 손님이 카지노를 이길 수 있는 유일한 게임이기 때문이다.

슬롯머신이나 바카라, 룰렛 등의 게임은 플레이어가 게임진행에 어떠한 영향도 미치지 못한다. 그러나 블랙잭에서는 자신의 카드와 딜러의 카드를 보고 그만둘 것인지 아니면 게임을 더 진행시킬 것인지를 결정할 수 있다. 따라서 재미도 더하려니와 이 책에서 얘기하는 기본 전략을 잘 읽고 이해한다면 카지노에서 돈을 잃기는커녕 많은 돈을 따서 집으로 돌아올 수도 있다.

블랙잭은 슬롯머신처럼 고정된 확률을 가지고 있지는 않다. 플레이어 기술 여하에 따라 승률이 올라갈 수도 내려갈 수도 있다. 따라서 이 책에서 제시하는 것은 바로 당신의 승률을 높이기 위한 합리적인 전략이다.

블랙잭에서는 딜러를 상대로 1명에서부터 많게는 7명까지 게임에 참가할 수 있다. 반원형의 블랙잭 테이블에 앉으면 테이블 위에 동그란 원이 보인다. 그곳에 얼마를 걸 것인지를 결정해야 하는데 그것을 베팅이라고 한다.

딜러는 플레이어에게 두 장의 카드를 돌리고 자신은 한 장의 카드를 펼치고 한 장의 카드는 덮어놓는다. 플레이어들은 딜러의 엎어놓은 카드가 어떤 숫자일지를 예상하며 게임을 해나간다.

블랙잭 게임방식을 한마디로 표현한다면, 자신이 받은 카드의 숫자를 합쳐 21을 만들어가는 게임이다. 딜러와 플레이어는 자신이 받은 카드의 숫자를 합산해 비교하고 21이 되거나 아니면 21에 근접한 사람이 승리하게 된다.

딜러가 승리하면 베팅한 금액을 가져가며 플레이어가 승리할 경우 베팅한 액수만큼 딜러가 지불하게 된다. 단 블랙잭일 경우에는 딜러가 1.5배를 지불해야 하고, 플레이어가 더블다운을 해서 승리했을 경우에는 딜러가 두 배를 지불해야 한다.

게임은 카드를 몇 벌 가지고 하느냐에 따라 싱글 덱(52장으로 하는 게임), 더블 덱(104장으로 하는 게임), 슈 덱(52×6=312장)으로 나누어진다.

블랙잭은 테이블마다 이미 게임을 진행하는 방식이 정해져 있다. 블랙잭에 사용되는 카드는 기본적으로 원 덱(one deck, 카드 한 벌) 52장이다.

카지노에 따라 혹은 테이블에 따라 원 덱을 사용하기도 하고 더블 덱(카드 두 벌) 104장, 혹은 6개의 덱(이것을 멀티플 덱이라고 한다) 312장을 사용하기도 한다.

따라서 게임에 참가할 때에는 그 테이블에서 어떤 덱을 사용하는지를 미리 알아야 한다. 왜냐하면 원 덱이냐 투 덱이냐 멀티플 덱이냐에 따라서 많은 전략상 차이를 보이기 때문이다.

그림 카드나 10, J, Q, K는 모두 10으로 계산하고 그 이외의 나머지 카드는 그 카드의 숫자대로 계산하면 된다. 그래서 10이 나올 확률은 31%가 되는 것이며 다른 카드가 나올 확률은 8%가 되는 것이다.

블랙잭에서 무늬는 의미가 없으며 그다지 중요하지 않다. 그러나 무늬가 전혀 의미 없는 것은 아니다. 무늬는 어떤 카드가 나왔는지를 기억하여 다음에 나올 카드를 예상하는 데 이용할 수 있어야 한다.

다시 강조하지만 A는 1로도 계산하고 11로도 계산한다. 그러므로 자신에게 유리한 쪽으로 사용하면 된다. 즉 A는 와일드카드다.

블랙잭이란 처음 받은 두 장의 카드 합계가 21이 되는 것을 말한다. 두 장의 합이 21이 되는 경우는 단 한 가지 경우밖에 없다. A와 10, J, Q, K 중의 하나가 함께 나오는 경우를 말한다.

딜러가 블랙잭이 아닌 경우에는 블랙잭인 플레이어가 무조건 승리하게 되며 1.5배를 받는다. 1.5배를 받는 이 룰은 플레이어에게 유리한 조건이 되는 것이며, 플레이어가 버스트가 나면 딜러가 무조건 이기는 것이 카지노가 유리한 점이다.

만약 딜러와 플레이어가 동시에 블랙잭이거나 숫자의 합이 같으면 무승부가 된다. 플레이어는 처음 받은 두 장이 블랙잭이 아닐 경우 계속해서 카드를 얼마든지 더 받을 수가 있다. 이렇게 받은 카드 숫자의 합계가 21 이내에서 상대보다 많은 사람이 승리하게 된다.

받은 카드의 숫자 합산이 21을 넘으면 플레이어는 그 순간에 버스트가 나고 만다. 딜러 역시 21이 넘으면 지고 그때까지 게임에 남아 있는 사람이 모두 승리하게 된다. 21이 넘는 경우를 버스트(bust) 났다고 한다.

플레이어는 21이 넘지 않는 한 언제라도 카드를 더 받을 수 있고 더 받지 않을 수도 있다. 즉 카드를 더 받든 그렇지 않든 자신의 판단에 맡겨진다. 하지만 딜러는 17 미만일 경우에는 의무적으로 카드 한 장을 더 받아야 한다. 합계가 17부터 21 사이라면 더 이상 카드를 받을 수 없고 그것이 딜러의 점수가 된다. 플레이어는 이 점을 참고하여 딜러가 버스트 날 것을 예상해 작전을 펼칠 수 있는 것이 블랙잭의 매력이라고 할 수 있다.

게임을 진행하려면 먼저 베팅부터 해야 한다.

베팅은 각 테이블에 따라 정해진 한도가 있어 그 이상이나 이하도 할 수 없다. 따라서 플레이어는 게임을 하기 전에 테이블 위, 팻말에 표시된 베팅 범위를 먼저 확인해두어야 한다. 예를 들어 $10~$5000 이면 최저 10달러에서 최고 5천 달러를 베팅할 수 있다는 뜻이다.

높은 숫자를 만들기 위해서 카드를 더 받는 경우를 히트(hit)라고 하고 카드를 더 받지 않고 결과가 나오기를 기다리는 것을 스탠드(stand), 혹은 스테이(stay)라고 한다.

카드를 히트할 때는 특히 주의해야 한다. 딜러가 유리한 것은 바로 플레이어가 버스트가 났을 경우다. 이때에 딜러는 자신의 패가 버스트 났을 경우라도 우선 플레이어가 베팅한 돈을 가져갈 수 있는 것이다.

딜러는 플레이어보다 나중에 카드를 받으므로 플레이어가 버스트 되었을 때 딜러는 무조건 이기게 되어 있다. 이 룰은 블랙잭에서 딜러에게 유리한 점이다.

Attention

블랙잭은 딜러를 상대로 혼자서 하는 게임 같지만 사실은 같은 테이블에 앉아 게임을 벌이는 모든 사람들의 협력이 있어야 하는 단체 게임이다. 그것은 한 사람이 스탠드하거나 히트를 할 때마다 카드 순서가 달라지기 때문이다.

어떤 때는 히트를 해야 할 상황이지만 딜러의 버스트를 위해 히트를 하지 않는다든지, 혹은 스탠드해야 할 상황이지만 히트를 한다든지 하는 경우가 생긴다. 이와 같은 리듬을 어기는 사람은 동료들 눈총을 받거나 순식간에 리듬을 딜러에게 넘겨주는 일도 생기고 만다.

블랙잭은 일종의 기세 싸움이고 리듬 싸움이다. 동료들 간의 기가 합쳐지면 좀처럼 지지 않는 것이 블랙잭이기도 하다.

♣ 플레이어는 어떤 때 이기나?
1. 블랙잭을 잡았을 경우 딜러가 블랙잭이 아니면 무조건 이긴다.
2. 플레이어의 카드를 합쳐 21이거나, 이보다 적어도 카드 합계가 딜러보다 높은 경우
3. 딜러의 패가 21을 넘어 버스트 되는 경우
♣ 플레이어는 어떤 때 지게 되나?
1. 딜러가 블랙잭을 잡았을 경우, 플레이어가 블랙잭이 아니면 딜러가 무조건 이긴다.
2. 21을 기준으로 플레이어의 카드 합계가 딜러의 카드 합계보다 낮은 경우
3. 플레이어의 카드 합계가 21을 넘어서 버스트 되는 경우

레인 맨

1989년 국내에서는 감명 깊은 한 편의 영화가 상영되었다. 배리 로빈슨 감독이 메가폰을 잡고 더스틴 호프만과 톰 크루즈가 주연한 영화 <레인 맨(Rainman)>이다.

실패한 사업가인 톰 크루즈는 3백만 달러에 이르는 유산의 절반을 따내기 위해 자폐증으로 정신병원에 요양 중이던 형 레인맨을 로스앤젤레스로 데려간다. 그러던 중 두 사람 사이에는 전혀 생각지도 못했던 형제애가 생겨난다는 줄거리다.

영화는 이들이 로스앤젤레스로 향하는 도중 우연찮게 라스베이거스에 들르는 과정을 소개한다. 이 영화의 가장 흥미진진한 내용 중 하나이다.

형은 자폐증을 앓고 있지만 뛰어난 기억력을 가진 천재다. 한번 본 전화번호부는 전화번호뿐 아니라 주소까지도 다 기억할 정도다. 이때 이들이 라스베이거스에서 벌인 게임이 바로 블랙잭이다. 이들은 카지노로부터 엄청난 돈을 따게 되는데 그 원인은 바로 형 더스틴 호프만의 비상한 기억력에 기인한다.

카운트란 조금 전 게임에 벌였던 카드 숫자와 무늬를 기억하고 앞으로 나올 카드를 예상하여 베팅을 하는 것을 말한다. 따라서 다음번에 어떤 카드가 나올 확률이 높다고 예상하는 것은 돈을 따낼 확률이 많다는 것과 다름이 없다. 영화 속의 레인맨처럼 우리도 지나간 카드를 기억할 수만 있다면 그것은 마치 황금주머니를 찬 것과 같을 것이다.

미국에는 정부에서 관리하는 천재들이 약 300명 정도가 있다. 이들의 아이큐는 180으로 완벽한 천재들이다. 즉 어떤 아이큐 측정에서도 만점 점수를 받은 사람들이다. 이들의 기억력은 하나같이 비상해서 레인맨처럼 거의 모든 카드를 외울 정도다.

이들이 자신의 직업을 포기하고 카지노로 나선다면 아마도 많은 카지노들이 문을 닫아야 할 지경이 될지 모른다. 왜냐하면 블랙잭은 운의 게임이 아니라 일종의 수학과 기억력 게임이라고 해도 과언이 아니기 때문이다. 그렇다면 천재들이 아닌, 우리와 같이 평범한 사람들은 언제까지나 돈을 잃어주어야만 하는 것일까? 해답은 절대로 그렇지 않다. 머리가 좋은 사람만이 블랙잭에서 승리할 수 있다면 이 책은 아무짝에도 쓸모가 없을 것이다.

영화에서 더스틴 호프만처럼 카드 전체를 외우는 방법은 아주 고

전적인 방법이다. 하지만 이 방법은 너무 어려워서 일부 천재들을 제외하면 우리에게는 전혀 어울리지 않는 카운트 방식이다. 그렇다면 어떻게 외우지 않고 앞으로 나올 카드를 높은 확률로 예상할 수 있을까?

이쯤에서 카운트는 기억력이 아니라, 공부와 노력으로 인해 가능하다는 것을 미리 말해둘 필요가 있을 것 같다. 그렇다면 노력과 공부로 어떻게 정확한 카운트가 가능할까?

이와 같은 물음에 대하여 우리와 같은 보통 사람이 편리하게 사용할 수 있도록 카운트 방식을 제시한 것이 바로 토롭의 카운트 방식이다. 나는 이제부터 이 토롭 교수의 카운트 방식에 나의 실전경험에서 우러나온 몇 가지 요소를 더하여 더욱 알기 쉽고 실전적인 카운트 방식을 당신에게 소개하고자 한다.

사진을 찍어라(Take a Picture)

게임이 끝나고 딜러는 카드를 걷어간다. 블랙잭 고수들은 이 순간을 놓치지 않고 사진을 찍는다. 고수들 사이에 통용되는 이 말은, 딜러가 카드를 걷어가기 직전의 순서를 고스란히 머릿속에 사진처럼 담아둔 다는 말이다.

사진을 찍는 이유는 아무리 딜러가 셔플을 하더라도 연이은 카드는 다음번에도 같이 따라 나올 가능성이 많기 때문이다. 가령 J, 10, A, 8 이 테이블에 놓여 있었다고 한다면 다음번 판에도 J, 10, A, 8이 연달 아 나올 가능성이 많다. 물론 J, 10, 2, 5, A, 8…같이 중간에 다른 카드 가 섞여들 수도 있지만 이처럼 카드 순서를 예측하고 다음번에 무슨 카드가 나올 것인가를 어느 정도 안다는 것은 플레이에 상당한 도움 을 준다.

블랙잭을 하며 카운트를 하고 또 그때 상황을 사진까지 찍어둔다는 것은 대단히 어려운 일이기는 하다. 당신이 그저 블랙잭을 즐기는 사 람이고 전문가가 될 필요는 없다고 생각한다면 이렇게 골치 아픈 일 에 가담하고 싶지는 않을 것이다. 그러나 당신이 고수가 되고 싶어 하 고 블랙잭에서 많은 게임에 승리하고 싶어 한다면 사진 찍는 연습을 하는 것이 좋다.

우선 카드를 순간적으로 일렬로 늘어놓고 한 번 바라본 다음 걷는다.

그런 다음 방금 펼쳐진 카드가 무엇이었는지 무늬와 숫자까지 놓치지 않고 순서대로 기억하는 연습이 바로 그것이다.

나는 한때 카드 순서를 암기하는 훈련을 수없이 반복한 적이 있었는데, 기억력이 좋을 때는 17장까지도 암기를 하곤 했다. 그 덕분에 지금은 딜러가 카드를 걷어가기 직전의 상황이 그림처럼 머릿속에 펼쳐지곤 한다.

종종 느끼는 것이지만, 사람은 어떻게 훈련하고 어떻게 습관을 들이느냐에 따라 수없이 변화가 가능하다. 천재를 바보로 만드는 일도, 바보를 천재로 만드는 일도 가능하다. 결국 사람에게 어떤 것을 받아들이도록 수없이 연습을 하면 실제로 그렇게 된다는 것을 나는 알았다.

카지노를 이기는 마법의 열쇠, 카운트

3장

1. 카운트

카운트를 하는 방법은 그리 어려운 것이 아니다. 하지만 이 간단한 방법을 알아두는 것과 그렇지 않고 게임에 임하는 것에는 현격한 차이가 있다. 이것은 마치 구구단을 외우고 수학시험에 임하는 것과 그렇지 않은 것과의 차이만큼이나 크다.

다행히 블랙잭은 포커와 달리 숫자를 가지고 하는 게임이므로 이 카운트를 정확히 할 수만 있다면 다음 판이 자기에게 유리한지, 아니면 딜러에게 유리한지를 대부분 알 수 있다.

이것 역시 시험범위와 출제 예상문제를 아는 사람과 전혀 모르는 상태에서 시험을 보는 사람과의 차이만큼 크다고 할 수 있다.

블랙잭의 고수라고 할 수 있는 카운터들은 일일이 셈하거나 의식하지 않아도 이미 다음 판의 유불리를 정확하게 짚어낸다. 베팅을 얼마로 해야 할지, 또 중요한 고비에서 어떤 전략을 세워야 하는지가 게임을 진행하는 사이에 그림처럼 머리에 떠오르는 것이다.

　당신이 굳이 전문적인 카운터가 될 필요는 없지만, 구구단 정도는 알고 수학시험에 임하는 학생이 되어야 할 필요는 있다. 카운트는 카지노에서 돈을 잃지 않고 당신을 안전하게 지켜줄 마법의 숫자놀음 같은 것이기도 하다.

2. 카운트 방법

❶ 카드 한 덱에는 52장의 카드가 있다. 당신은 매번 판마다 테이블에 나와 있는 카드들을 셈할 수 있어야 한다. 바로 그것이 카운트다. 카운트를 할 때는 이 모든 숫자를 다 세고 외울 필요는 없다. 그러니까 게임이 진행되는 그 짧은 시간 동안 당신은 카운트를 하려고 일일이 머릿속에서 계산기를 눌러댈 필요는 없는 것이다.

❷ 카드는 세 가지 종류로 나눈다.

◆ 마이너스(-1)로 셈하는 카드 4장

➡ 10과 10으로 계산되는 프리미엄 카드 J, Q, K

◆ 카운트하지 않는 카드, 그냥 무시해버리는 카드 4장

➡ A, 7, 8, 9

♦ 플러스(+)로 셈하는 카드 5장

➡ 2, 3, 4, 5, 6

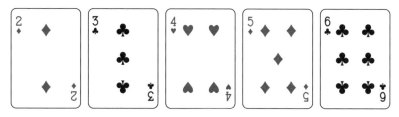

❸ 플러스(+) 마이너스(-)

당신은 이것만 알아도 블랙잭의 절반은 이미 터득한 것이다. 한 판이 끝나면 그 판에 나와 있는 전 카드에 점수를 부여하고 전체적으로 그 판이 플러스(+)인지 마이너스(-)인지를 셈하면 된다.

당신은 이 대목에서 전혀 골치 아파할 필요가 없다. 우리가 다른 사람의 돈을 따려면 수많은 노력이 들지만 블랙잭에서 마법의 비결을 터득하는 데는 고작 한 시간이 걸리지 않을 수 있다. 다만 그 비법을 자기 것으로 만들기 위해서는 많은 노력과 연습이 필요하지만 말이다.

그러나 그 연습한 것이 어느 날 연기처럼 사라져버릴 일은 없을 것이니 이번 기회에 단단히 알아두는 것이 결코 지나친 투자는 아닐 것이다.

❹ 이쯤에서 예를 하나 들어보자.

방금 게임을 벌인 카드가 이렇게 나왔다면 카운트는 얼마나 될까?

➡ 3, 6, 10, 3, 10, 10, A, 2, 8

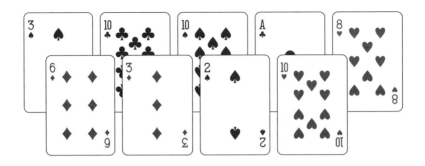

계산법 플러스(+) 카드: 3, 6, 3, 2 - 총 4장

마이너스(-) 카드: 10, 10, 10 - 총 3장

카운트하지 않는 카드: A, 8 - 총 2장

※ 카운트할 때에는 거들떠보지 않고 무시하는 것이 좋다.

그렇다면 이 판의 카운트는 어떻게 되나? 4-3=+1이다.

이러한 결과는 이 판에 낮은 숫자 카드가 높은 숫자 카드보다 조금 더 나왔다는 것을 의미한다. 그렇다면 다음 판은 어떠한 숫자가 나올 가능성이 많은지를 예상할 수 있다. 즉 다음 판은 높은 숫자가 하나 이상 더 많이 나올 가능성도 있다는 것이다. 이러한 예상은 아무것도 아닌 것 같지만 사실은 매우 중요한 것이다.

❺ 그렇다면 간단한 예 대신 실전과 유사한 조금 복잡한 예를 하나 들어보자.

이번 판에는 다음과 같은 카드들이 나왔다. 대체로 한 테이블에는 6명이 게임을 하고 한 사람에게는 보통 2장 내지 3장, 많게는 4장의 카드가 돌아간다.

➡ 9, 9, 4, 2, 2, 7, J, 4, J, 3, K, A, 8, 5, 6, 10, 2, Q

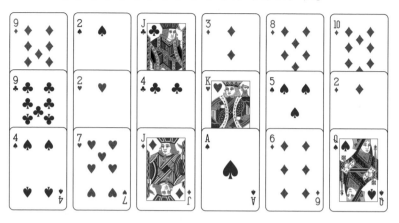

계산법 플러스(+) 카드: 4, 2, 2, 4, 3, 5, 6, 2 - 총 8장

마이너스(-) 카드: J, J, K, 10, Q - 총 5장

계산하지 않는 카드: 9, 9, 7, A, 8 - 총 5장

이번 판의 카운트 결과 8-5=+3이 된다.

그렇다면 다음 판에는 어떤 카드들이 나올 가능성이 많은지 예측이 가능해진다. 즉, 10과 같은 좋은 카드가 나올 확률이 낮은 카드가 나올 확률보다 많다는 의미가 된다.

이 데이터는 엄청난 결과를 당신에게 안겨줄 수 있다. 그것은 바로 다음번 판이 당신이 승부를 벌여보아도 좋을 찬스이기 때문이다. 대체로 싱글 덱(1벌 카드)에서 +2 이상이 되면 플레이어가 많이 유리해진다.

❻ 이렇게 나온 데이터는 어떻게 사용이 가능할 것인가?

우선 베팅 액수에서 차이가 난다. 보통 카운트에 능한 사람들은 +4 이상일 때 베팅을 4배까지 올린다. +2일 때는 베팅을 2배 정도로 올린다.

실제 카지노에서 자신이 카운터임을 애써 표시 낼 필요는 없다. 어느 날 조용히 밖으로 쫓겨날 가능성이 있기 때문이다.

❼ 실전에서는 어떻게 사용할 것인가?

그것은 나중에 다시 각 카드마다의 전략을 이야기할 때 설명할 것이다. 여기에서는 아주 간단한 예만 들고 넘어가자.

가령 당신 카드가 10+6으로 토탈 16인 카드일 경우다. 이런 카드는 당신에게 그다지 유익하지 못한 카드이다. 더구나 딜러가 7, 8, 9, 10, A 가운데 한 장을 펼쳐 보이고 있다면 당신은 더더욱 승리와는 멀어진 것처럼 느껴질 것이다. 하지만 만약 당신이 지금까지 면밀히 카운트를 해왔다면 이 상태에서 최선을 다해볼 몇 가지 전략이 생겨난다.

❽ 당신이 아직도 토탈 16이고 만약 전번 판의 카운트 결과가 +3 이상이라면 당신은 거의 졌다고 생각해야 한다. 왜냐하면 이번에는 10 이상의 높은 카드가 나올 가능성이 아주 크기 때문이다.

딜러에게는 21에 근접한 숫자가 만들어지지만 당신은 21을 초과해 버스트될 확률이 많아질 것이다. 따라서 당신은 얼른 서렌더를 하고 베팅액의 반이라도 건지겠다는 판단을 해야 하는 근거가 마련된 것이다.

❾ 당신이 반대로 아직도 토탈 16이고 만약 전번 판의 카운트 결과가 −3이라면 어떨까? 그것은 이번 판에 낮은 숫자 카드가 많이 나올 가능성이 있다는 이야기다. 이때에 당신은 딜러 패의 상황을 봐서 스탠드와 히트를 결정할 수 있을 것이다. 히트를 해도 버스트가 날 확률이 적다는 뜻도 된다.

대부분의 경우라면 스탠드를 해서 딜러의 패가 버스트 나기를 기다리겠지만 카운트의 결과가 −3이므로 당신은 히트를 선언해서 2, 3, 4, 5와 같은 낮은 숫자가 나오기를 바랄 수 있을 것이다.

이처럼 매 판마다 일반적인 전략을 벗어나서 적절한 대응책을 세울 수 있었던 것은 당신이 매 판마다 카운트를 할 수 있었기 때문이다. 이것이 카운트를 함으로써 자신에게 유리한 점이다.

❿ 또 중요한 한 가지는 두 장의 합, 즉 토탈이 9, 10, 11이라면 당신은 더블다운을 선택해야 한다는 것이다. 물론 이의 근거도 카운트에 따른 것이 된다. 만약 카운트 결과가 +3 이상이라면 당신은 더블다운을 선택해서 딜러를 이길 가능성이 최소 55% 이상은 된다.

느낌으로는 이 55%가 아무것도 아닌 것 같지만 사실은 카지노가 1.5~2% 유리한 게임을 반대로 55% 이상 자기에게 유리한 승부로 가져오는 것이므로 대단한 일이다.

⓫ 이처럼 카운트는 각 판마다 우리의 전략과 전술을 수립하는 데 중요한 자료가 되어주는 것이다. 이쯤에서 도저히 골치가 아파서 카운트를 포기하고 싶어지는 사람이 있을지 모른다. 하지만 너무 어렵

게 생각하지 않기를 바란다. 수학의 덧셈과 뺄셈을 동원한 것은 당신의 이해를 돕기 위한 것일 뿐이다.

당신은 조금 전 테이블 위에 낮은 카드가 높은 카드보다 몇 장이 더 나왔는지를 숫자로 기억해두면 된다. 혹은 그럴 겨를이 없었거나 애매모호할 경우라도 전번 판에 7, 8, 9, A를 제외한 높은 숫자와 낮은 숫자 어느 쪽이 더 많았는지만을 기억해도 당신에게 훨씬 도움이 될 것이다.

❷ 카운트는 단 한 판으로 끝이 나서는 안 된다. 매 판 카운트가 된 숫자는 다음 판의 카운트와 더해지거나 빼져서 현재까지의 카운트가 되어 있어야 한다. 딜러가 새로 셔플을 할 때까지는 토탈을 기억하고 있어야 한다.

가령 지난번 판까지 카운트가 +1이었고 이번 판 카운트가 +3이었다면 현재까지 총 카운트는 +4가 된다. 이렇게 총 카운트가 형성됨으로써 당신은 다음 판이 당신에게 매우 유리하게 전개되리라는 것을 알 수 있다. 즉 높은 자가 많이 살아 있어 두 장을 받아 20 같은 좋은 패를 받을 확률이 높은 것이다.

따라서 당신은 이 흔치 않은 기회를 이용해서 베팅을 높이거나 더 블다운 횟수를 늘려가는 찬스를 얻게 되는 것이다.

❸ 하지만 카운트가 언제나 허용되는 것은 아니다. 아마도 무한정 카운트가 가능한 것이라면 카지노는 일찌감치 문을 닫고 거리로 나앉았을 것이다. 보통 한 테이블에서 사용하는 카드의 3분의 2 정도가 소

진되면 다시 셔플(딜러가 카드를 모아 다시 섞는 행위)에 나선다.

원 덱의 경우 52장 카드 중에서 33장 내지 34장이 사용되면 딜러는 다시 셔플에 나설 것이다. 그러니까 당신이 카운트할 수 있는 기회란 원 덱의 경우 한 번이나 많을 경우 두 번에 불과하다. 물론 투 덱(2벌) 혹은 식스 덱(SIX, 6벌) 등의 멀티플 덱일 경우에는 같은 방식으로 카운트를 계속해서 이어가면 된다.

❹ 셔플이 되고 나면 지금까지의 카운터는 아무 소용이 없어진다. 그러니까 당신이 카운터를 이용해 당신의 패를 유리하게 만드는 길은 첫판이 지나가고 셔플이 되기 전판까지가 될 것이다.

❺ 이제 우리는 이러한 카운트 후에 나온 결과들에 대해 몇 가지 용어를 정리할 필요가 있다. 그것은 앞으로 우리 전략을 수립해나가는 일에서 자주 카운트를 이야기해야 하는 데 따른 혼란을 피하기 위해서다.

아래 수치는 혼란을 피하기 위해 싱글 덱(1벌)이나 더블 덱(2벌)일 경우를 기준으로 삼은 것이다.

+-1	이것은 크게 좋은 것도 크게 나쁜 것도 아니다. 한마디로 유불리가 없는 정상적인 상황이다.
+2	조금 유리하다.
+3	많이 유리하다.
+4 이상	대단히 유리하다.
-2	조금 불리하다.
-3	많이 불리하다.
-4 이하	대단히 불리하다.

❶❻ 이렇게 용어를 정리해놓으면 조금 불리하고 많이 유리하다고 해도 그것이 카운트 상의 불리와 유리를 나타낸 것으로 생각해야 한다.

어떤 패도 완전히 불리하거나 유리한 경우는 없다. 당신이 면밀히 카운트를 계속해나가기만 한다면 불리한 패 가운데서도 승리할 수 있는 최선의 전략을 찾아낼 수 있을 것이다.

❶❼ 카운트 능력을 향상시키기 위해서는 아무 생각 없이 게임에 임하지 말고 그때그때 순간적으로 카운트를 해나가는 습관을 길러야 한다.

이러한 노력이 계속된다면 당신은 딴생각을 하면서도 의식하지 않는 사이에 기어를 제대로 집어넣거나 클러치를 밟거나 하는 일처럼, 단번에 다음 판의 유불리를 알아내는 블랙잭의 고수가 될 것이다.

Attention

카드가 몰려다니는 것을 방지하기 위해, 고수들이 사진 찍는 수법을 방해하기 위해 딜러들이 샤프를 매우 꼼꼼히 하는 경우가 있다. 이때에는 아무래도 딜러 쪽이 조금 더 유리하다고 보아야 한다.

샤프를 대충대충 하면 손님이 유리해진다. 가끔 테이블 뒤에 서 있던 매니저가 딜러를 향해 "대충해"라고 얘기할 때가 있다. 이것은 "손님에게 좀 잃어줘라"라는 뜻의 간접 표현인 셈이다. 이미 충분히 수익을 거둔 카지노 측이 손님에게 베푸는 일종의 자선행위라고 보면 될 것이다.

⓲ 다음은 당신의 카운트 능력을 향상시키기 위한 연습문제이다.

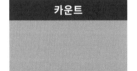

2번 게임

카운트	토탈 카운트	유 · 불리

3번 게임

카운트	토탈 카운트	유 · 불리

4번 게임

카운트	토탈 카운트	유 · 불리

1번 게임

2번 게임

카운트	토탈 카운트	유 · 불리

3번 게임

카운트	토탈 카운트	유 · 불리

4번 게임

카운트	토탈 카운트	유 · 불리

❶❾ 왜 7, 8, 9, 그리고 A는 셈하지 않는지에 대해서 의문을 가질 필요는 없다. 이러한 카드들은 어느 쪽으로 가든지 비슷한 결과를 자아낼 뿐 다른 카드들처럼 패 자체를 매우 유리하거나 불리하게 만들지 않기 때문이다. 이러한 숫자들까지 머릿속에 담고 또 계산을 해나가야 한다면, 이러한 카운트하는 법은 매우 복잡해서 그것이 아무리 유익한 것이라 할지라도 우리가 채용해 쓰기는 힘이 들 것이다.

따라서 지금까지 내가 서술한 것은 토롭의 이론에 바탕을 한 것으로, 토롭의 이론은 현재까지 블랙잭 전문가들 사이에서 가장 많이 인용되는 이론이다.

Attention

A가 많이 살아남아 있을수록 플레이어에게 유리하게 작용한다. 그래서 A가 몇 장 살아 있는지 기억하는 것이 도움이 된다.
7이 많이 남아 있어도 플레이어에게 유리하다는 점을 유념해둘 필요가 있다.

❷⓿ 연습문제를 통해 알 수 있었듯이 매 판 카운트의 결과가 거의 플러스(+)로 나오는 것은 당연한 일이다. 그것은 한 덱에 2, 3, 4, 5, 6이 모두 20장인 반면 10과 10의 가치가 있는 J, Q, K 같은 프리미엄 패는 16장으로 넉 장이나 차이가 나기 때문이다. 한 덱에 4장 정도라면 멀티플 덱을 사용할 때는 그 격차가 더욱 벌어질 것은 당연한 일이다.

따라서 +1, +2 정도의 유리함이 나오는 것은 보통의 경우 늘 있는 일로 여겨야 한다.

3. 결론

이상으로 토롭의 이론을 바탕으로 내가 실전에서 즐겨 쓰는 카운트 법을 당신에게 소개해드렸다. 사실 이것은 토롭의 계산법과 거의 차이점이 없다는 점을 당신 앞에 밝혀둔다. 다른 블랙잭 고수들이 저마다 장점이 있는 카운트 법을 연구하고 발표했지만 대부분은 토롭이 얘기한 것과 그 줄기를 같이하고 있다.

하지만 어떤 사람의 카운트하는 법은 너무 세세해서 우리가 그것을 공부하고 실전에 사용하기까지는 너무 많은 어려움이 있었음을 밝혀둔다. 따라서 지금까지 말해온 것만으로도 당신은 카운트가 왜 블랙잭에서 그토록 중요한 것인지 충분히 이해했을 줄 믿는다. 이 간단한 계산법이 당신에게 큰 소용이 되리라는 점을 짐작했을 것이다.

물론 지금까지 말한 것은 하나의 공식이나 이론에 불과하다. 당신은 단지 공식을 아는 데 그치지 말고 카운트가 된 한 가지 자료만 가지고 매 상황마다 수많은 작전들을 구사할 수 있어야 한다. 그와 같은 과정에 이르기까지는 다만 공식을 아는 것에 그치지 않고 수많은 훈련과 연습이 병행되어야 한다는 것을 잊지 말아야 할 것이다.

이쯤 되면 책의 서두에서 블랙잭의 고수가 되기 위해서는, 카지노로부터 돈을 따오기 위해서는 끊임없는 노력과 연습이 필요하다고 말한 점을 이해하셨으리라 믿는다.

우리가 사회생활을 하기 위해서는 초등학교 6년, 중·고등학교 6년, 그리고 대학 4년 이상의 공부를 한다. 장장 16년 이상의 교육기간을 거치는 것이다. 그렇다면 블랙잭에서 돈을 따는 일이 고작 한두 시간

책을 읽거나 원리를 이해하는 것만으로는 어렵다는 점을 다시 한 번 느끼셨으리라 짐작한다. 무엇보다 블랙잭으로 카지노를 이기기 위해서는 연습할 수 있는 시간이 절대적으로 필요하다는 것을 명심해야 한다.

라스베이거스

라스베이거스에는 수백여 개의 대형 호텔이 있으며, 모텔까지 합하면 그 수를 헤아릴 수가 없을 정도다. 이곳에는 하루 관광객이 20만 명에서 100만 명까지 몰려들고 있다. 이 많은 호텔들이 흑자를 내면서 유지되고 있다는 것은 참으로 불가사의한 일처럼 보인다. 하지만 라스베이거스는 이 지구상에 엄연히 존재하는 곳이다. 그것이 가능토록 만들어주는 것은 바로 관광객들이다.

라스베이거스를 방문하는 관광객에게 "누가 라스베이거스를 지었습니까?" 하고 묻는다면 그 대답은 관광객 스스로가 "바로 나요"라고 말해야 할 것이다. 이것은 그리 부끄러운 일도 아니지만 자랑스러운 일도 못 된다. 하지만 이곳에서도 돈을 따는 사람이 전혀 없는 것은 아니다. 카지노는 그렇게 머리가 나쁜 사람들이 운영하는 곳이 아니다. 한편의 사람들이 돈을 잃어준다면 또 한편의 사람들에게는 적정한 비율만큼은 돈을 따게 만들어도 준다. 일정한 비율만큼만 이익을 보되 그 이상 욕심을 부리지는 않는다. 그것이 오늘의 라스베이거스가 있게 만든 고단위 전략인 것이다. 돈을 잃기만 하고 딸 수 없는 곳이 카지노라면 전 세계적으

로 그 많은 관광객이 몰려들 이유가 없다.

블랙잭에서 돈을 따는 비결은 카운터(counter)가 되는 것이다. 하지만 피나는 공부와 훈련에 의해서 카운터가 되었다고 하더라도 마음 놓고 카지노에서 돈을 딸 수 있는 것은 아니다.

어설픈 카운터들은 그 단계까지 오르면(어설픈 카운터가 되기도 쉽지는 않지만) 딜러들이 보는 앞에서 자신의 실력을 유감없이 발휘하고자 한다. 예를 들어 확률이 적은 곳에서는 베팅을 형편없이 적게 하다가 확률이 높은 판에서는 큰 베팅을 해버리고 만다. 그런 행동은 곧 '나는 카운터요' 하고 광고하는 것이 된다.

일단 카운터라고 판단이 되면 그는 카지노의 보안요원들에 의해 곱게 밖으로 모셔진다. 그러고는 카운터의 이름과 인상착의들이 낱낱이 기록되어 그 카지노는 물론 다른 카지노까지 전해진다. 그때부터 그는 더 이상 블랙잭 게임에 참가할 수 없을 뿐만 아니라 어쩌면 입구에서조차도 출입을 제지당할지 모른다. 그가 아무리 변장에 능하다고 하더라도 카지노의 감시망을 피하기는 어렵다. 카지노에서는 꾼들의 사진을 여러 각도에서, 촬영해서 혹은 변장을 했을 경우까지도 상정해서 다양한 사진들을 보유하고 있다. 이런 일이 발생하는 이유는 미국의 법 때문이다.

우리나라에서는 어떤 영업집에 출입하더라도 손님이 왕이 되기 쉽지만 미국 법에서는 그렇지가 않다. 미운 손님이나 불결한 손님 그리고 받기 싫은 손님은 얼마든지 거절할 수 있다. 그래서 카지노 측에서는 경우 없이 돈을 따가는 미운 손님들은 언제라도 게임에 참가시키지 않을 권리가 있는 것이다.

따라서 먼먼 후일의 일이지만 자신이 일단 카운트에 자신이 있다 하더라도 표가 나지 않게 게임에 임할 수 있어야 한다. 표 나지 않게란 갑자기 고액 베팅을 하거나 소액 베팅을 하기를 일관해서 딜러에게 자신을 알리는 경우를 말하는 것이다. 하지만 그것은 그야말로 먼 훗날의 일일 것이다.

일단 우리에겐 이 책이 안내하는 대로 카운트에 자신감을 붙여나 가는 것이 중요한 일이다.

TIP

어떤 사람에게 카지노는 대단히 관대하다. 그가 카지노에 가겠다고 하면 카지노는 비행기 표를 보내오고 호텔 무료 숙식권 등 다양한 편의를 제공한다.

그 이유는 과연 무엇일까? 카지노는 자선사업을 하는 곳이 아니다. 수지 타산에서는 매우 철저한 곳이 바로 카지노다. 그렇다면 이유는 단하나이다. 그가 호텔에서 제공하는 편의 이상의 돈을 카지노에 쏟아부어주기 때문이다.

이 책을 배우는 것은 당신이 카지노에 가게 될 경우, 카지노를 기쁘게 만들어주어서는 안 된다는 것이 그 첫 번째 이유일 것이다.

토탈즈
(TOTALS)

4장

Black
Jack

1. 토탈즈란?

토탈즈란 처음 두 장의 카드가 주어졌을 때 그 두 카드의 숫자 합을 말한다. 블랙잭 게임이란 자기에게 온 두 장 이상의 카드를 가지고 21을 만들어나가는 과정이므로 처음에 들어온 두 장 카드는 전체 게임을 어떻게 풀어나가야 할지를 알려주는 이정표가 된다. 한글로 풀어 쓰면 합계 혹은 합산이라고 할 수 있을 테지만, 전문 블랙잭 용어이므로 영어 그대로 사용할 필요가 있다.

이제 나는 블랙잭에서 처음 두 장의 카드가 주어졌을 때 이를 바탕으로 어떻게 작전을 세우고 어떻게 전투에 임해나가야 하는지를 설명하려 한다. 이것은 지금까지 실전에서 해온 나의 경험과 토롭의 카드 계산법을 쫓아 각 정황에 맞는 적절한 전략을 제시하려는 것이다. 하지만 여기에는 도표도 없고 "색인" 번호도 없다. 단지 숫자를 가지고 이를 설명하려 한다. 그만큼 복잡하지 않고 간단하다는 얘기이므로 미리 긴장할 필요는 없다. 당신은 블랙잭에서 승리하는 비법을 배우기 위해 약간의 정신집중만 해서 내가 하는 말을 이해해주면 되는 것이다.

내가 설명하려는 것은 이처럼 간단한 카운트 방법이다. 나는 이제부터 토탈즈에 대한 기본적인 전략을 독자들에게 말해주고 언제 기본적인 전략에서 이탈하게 되는지를 말해줄 것이다. 나는 많은 게임에 대한 상식적인 원리를 제시할 것이다. 앞서 배운 카운트 법은 게임을 배우고 기억하는 것을 훨씬 쉽게 해줄 것이다.

때때로 나는 본제를 벗어나서 특별한 합계(토탈)에 대해 적절한 게임이라고 기억나는 일화들을 소개할 것이다. 이처럼 주제를 벗어난 이야기는 많은 도표를 사용하는 것보다 더 재미있고 배우기 쉽게 해줄 것이다.

이제부터 다루려고 하는 것은 토탈 21에서 토탈 2까지에서 나올 수 있는 우리의 전략이다. 한 가지 짚고 넘어갈 것은 소프트 핸드와 하드 핸드인데 이것은 A를 어떻게 사용하느냐에 따라 우리의 전략도 달라져야 한다는 것이다.

앞서 거듭 말한 대로 A를 플레이어의 필요에 따라 1로 사용하는 것을 하드 핸드, A를 11로 사용하는 것을 소프트 핸드라고 한다. 다시 한번 이해를 돕기 위해 간단한 예를 들면 다음과 같다. 즉 A를 어떻게 썼는지를 알려주기 위해 하드와 소프트로 구분해놓은 것이다.

하드 18 = 10+8, 9+9
소프트 18 = A+7

이제 토탈 18이라고 했을 때는 하드 18뿐만 아니라 A+7과 같은 소프트 18과 두 장의 9와 같은 9페어를 통틀어 말하는 것으로 알아야 한다.

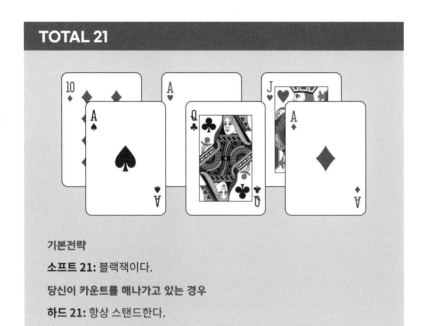

TOTAL 21

기본전략

소프트 21: 블랙잭이다.

당신이 카운트를 해나가고 있는 경우

하드 21: 항상 스탠드한다.

당신 카드를 합쳐 숫자가 21이 되는 경우다. 만약 두 장의 합이 21이라면 이는 블랙잭이다. 토탈즈 패 중에 가장 높은 것이 된다.

토탈 21에 대해 말할 만한 특별한 것은 없다. 이미 당신은 게임에서 이긴 것과 같기 때문이다. 딜러가 당신과 동점을 이루지 않는 한 당신은 가만히 기다리고 스탠드하여 돈만 챙기면 된다. 이처럼 승부가 나기를 가만히 기다리는 것을 스탠드(Stand) 혹은 스테이(Stay)라고 한다.

당신이 단 두 장의 카드를 써서 21이 되는 블랙잭(A+10)으로 승리를 거두었다면 당신은 딜러로부터 베팅한 금액의 1.5배를 받는다. 단 딜러 역시 블랙잭이라면 비기게 된다.

만약 당신이 블랙잭을 가지고 있을 때, 딜러 또한 A를 보여주고 있다면 딜러는 당신에게 '인슈어런스?'라고 물을 것이다. 이는 이븐 머니(even money)를 받겠냐고 묻는 것이다. 이것도 일종의 보험이다. 플레이어가 이를 수락한다면 두 가지 경우가 생긴다.

첫째, 딜러가 블랙잭이라면, 다른 때는 비기게 되지만 이때에 이븐 머니를 허락한 관계로 플레이어는 베팅액과 같은 액수를 받는다. 즉 내가 거는 액수와 동일한 액수를 받는 것이므로 이븐 머니(Even Money)라고 한다.

어떤 전문가는 이런 경우에 무조건 보험을 들어야 한다고 말한다. 어떤 경우라도 이길 수 있기 때문이다. 하지만 나는 이런 경우에 보험에 들어서는 안 된다고 말한다. 그 이유는 수학적 계산을 구할 것도 없이 기회가 왔을 때 확실히 밀고나가 1.5배를 따는 것이 결과적으로는 이득이 되기 때문이다.

이런 경우 딜러가 블랙잭이 될 확률은 31%가 되지만 블랙잭이 되지 않을 확률은 69%이다. 따라서 31% 확률 때문에 블랙잭 권리를 포기하고 보험을 드는 것은 69% 이길 기회를 스스로 무산시키는 것과 같다.

딜러가 블랙잭이 되는 확률은 13분의 4 즉 30.76%이다. 반대로 블랙잭이 아닐 확률은 정확하게 69.24%라는 얘기가 된다.

물론 카운트를 한 결과, 딜러가 블랙잭일 가능성이 매우 높으면 당신은 보험을 살 수도 있다. 그러나 그 경우는 세밀한 카운트의 결과, 확실하다고 판단이 서야 한다. 즉 딜러의 카드가 블랙잭일 가능성이 70% 이상 농후하다면 그렇게 해볼 수는 있을 것이다. 하지만 대부분의 경우 이븐 머니는 받아들이지 않는 것을 원칙으로 한다. 단 베팅한 액수가 아주 크다면 받는 것도 무방하다.

TOTAL 20

기본전략

하드 20: 항상 스탠드한다.

소프트 20: 항상 스탠드한다.

2장의 10: 스플릿하지 말고 항상 스탠드한다.

적절히 카운트를 해나가고 있는 경우

하드 20: 항상 스탠드한다.

소프트 20: 카운트가 적절하게 우세하면 딜러의 패 2, 3, 4나 6, 7에 대하여 더블다운을 할 수 있다. 아주 우세하다면 더블다운을 할 수 있다.

2장의 10: 카운트가 적절히 우세하면 딜러의 패 2, 3, 4나 6에 대해서 스플릿할 수 있다.

    분명히 10+Q로(혹은 다른 카드로 이루어질 수 있지만) 이루어진 토탈 20은 우수한 패다. 정상적인 상황에서는 이 패를 갖고 항상 스탠드하는 것 이외에 다른 것을 생각해서는 안 된다. 물론 이것은 기본 전략이다.

    20은 종종 10-10과 같이 10의 페어로 구성될 때가 있다. 10 혹은 10의 가치를 지니고 있는 프리미엄 카드(일명 무늬카드)를 스플릿(split)해서는 안 된다. 스플릿이 지는 것은 아니지만 좋지 않은 습관이라는 점만큼은 항상 머릿속에 담아두자.

여기서 한 가지 차이가 있다. 당신이 받는 10 페어를 매번 스플릿하면 그러한 패에 대해서 돈을 걸어 판을 불리는 장점이 있다. 문제는 당신이 그 카드를 스플릿하지 않으면 더 많은 돈을 미리 걸었어야 한다는 것이다.

스플릿은 유리한 장면에서 자신을 위기로 몰아넣을 수 있다. 그래서 피하라고 권고하는 것이다. 스플릿을 하는 것은 결국 기회가 왔을 때 이를 포착해서 판을 불리는 수단으로 사용하는 것이다. 이는 많은 블랙잭 게임의 판단에서뿐만 아니라 모든 종류의 카지노 게임에 적용되는 것이다.

올바른 게임을 했느냐 그렇지 않느냐는 것은 돈을 따느냐 마냐 여부와 상관없이 그때그때 상황마다 올바른 선택을 했느냐에 따라 달라진다. 10 두 장은 스플릿을 하지 않는 것이 원칙이지만 특별한 상황에 따라 스플릿을 해야 하는 경우도 생긴다. 사실 이러한 부분이 블랙잭의 어려운 부분이다. 하지만 이러한 어려움은 항상 카운트를 습관처럼 하는 것으로써 극복할 수 있다.

토탈 20에서 스탠딩을 하는 것 말고 임기응변을 발휘해 이득을 볼 수 있는 것은 A+9에 더블다운하는 것이다. 이미 소프트 20이지만 A를 1로 계산해서 하드 10으로 만든 후 더블다운을 하는 것이다. 그러나 보통의 경우는 그렇게 하지 않는 것이 좋다. 즉 정상적으로는 소프트 20을 그대로 유지해 토탈 20으로 스탠드하는 것이 좋다.

하지만 위의 모든 것은 기본 전략일 뿐이다. 기본적인 전략을 벗어나 상황에 임기응변적으로 대응하는 것은 바로 적절한 카운트가 이루어졌을 경우다. 사실은 10 카드를 스플릿하고 A+9 카드를 하드 10으로 보아 더블다운하는 것이 가끔은 이득이 될 수 있다. 덱(Deck) 속에 카운트가 적절하게 우세하다면 스플릿이나 더블다운을 할 수 있다.

그러나 이러한 상황 하에서도 가급적 그렇게 하지 않는 이유가 있다. 그 이유는 10+10을 스플릿하거나 A+9에 더블다운하는 것은 당신이 카운터라는 사실을 사람들에게 혹은 딜러에게 알리는 꼴이 된다. 따라서 매번 이러한 상황을 연출하는 것은 나쁘지는 않지만 하지 않는 것이 좋다.

TOTAL 19

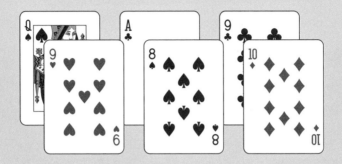

기본전략

하드 19: 항상 스탠드한다.

소프트 19: 보통의 경우 스탠드하는 것이 유리하다.

적절히 카운트를 해나가고 있는 경우

하드 19: 항상 스탠드한다.

소프트 19: 히트하지 않는다. 카운트가 조금 우세하다면(여기서 우세란 작은 숫자 카드가 많이 빠지고 10 숫자의 카드가 많이 살아 있는 덱을 말한다) A와 8로 딜러의 오픈카드 5나 6에 대하여 더블다운하고, 카운트가 적당하게 우세하 다면 딜러의 오픈카드 3이나 4에 대하여 더블다운을 할 수 있다.

토탈 19는 매우 간단하다.

그냥 스탠드하는 것을 원칙으로 삼으면 된다. 물론 딜러가 20을 가 지고 있을 수 있으나 속임수가 없는 한 어떤 사람도 10과 9를 가지고 히트하지 않을 것이다. 그러나 소프트 A와 8은 하드 9로 계산해서 히 트하는 것이 이득이 될 수 있다.

하지만 기본적인 게임 전략은 어디까지나 스탠드다. 그러나 카운트가 조금 우세하다면 A와 8로 딜러의 패 2, 3, 4나 6에 대하여 더블다운 하는 것이 유리하다. 카운트가 적당하게 우세하다면 딜러의 패 3이나 4에 대하여 더블다운을 한다.

사실 소프트 19일 경우가 매우 중요하다. 딜러의 오픈카드에 따라 달라지지만 딜러의 강세가 이어질 경우는 그냥 스탠딩하여 승부하는 것이 좋고, 딜러가 약세 흐름을 탈 때는, 특히 딜러가 2, 3, 4, 6, 7 같은 낮은 숫자를 깔아놓고 있을 경우에는 더블다운을 하는 것이 올바른 승부가 된다.

하지만 스탠딩하여 가만히 기다리는 것은 가장 안전한 방법이라고 하겠다. 물론 어떤 것을 선택하든 그것은 항상 카운트를 전제로 해야 한다. 만약 카운트상 플레이어가 유리하다면 과감하게 승부를 거는 것이 카운트를 익힌 효과일 것이다.

딜러의 오픈카드가 8, 9, 10일 때는 무조건 스탠딩해두고 승부를 벌여야 한다.

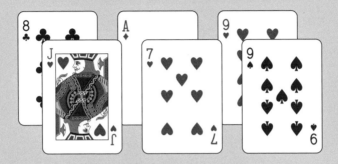

TOTAL 18

기본전략

하드 18: 항상 스탠드한다.

소프트 18: 딜러의 높은 자에는 항상 히트한다.

9-9일 경우: 스플릿을 하지 않고 참고 기다리는 것이 좋다. 하지만 딜러의 오픈카드가 작은 숫자 카드일 경우 스플릿하는 것이 옳다.

적절히 카운트를 해나가고 있는 경우

하드 18: 조금 불리한 경우 딜러의 오픈카드 9와 10일 경우에도 스탠드한다.

소프트 18: 카운트가 유리하고 딜러의 오픈카드가 2-8까지일 경우 스탠드한다. 딜러의 오픈카드 9와 10일 경우에는 히트한다.

두 장의 9: 스플리팅을 하지 않고 참고 기다린다.

토탈 18에 대해서는 논의해야 할 것이 꽤 많다.

이런 패를 가지고 있으면 딜러의 펼친 카드가 어떤 것이든 스탠드하는 것이 좋다.

이는 대단한 패는 아니지만 매번 이런 패를 갖는다면 승률이 반반은 훨씬 넘을 것이다. 그러나 딜러의 오픈카드가 2, 3, 4, 6, 7, 8이라면 60%+알파의 승률을 기대해도 좋다. 하지만 딜러가 9, 10이나 에이스를 보여준다면 불리하다고 보아야 한다. 이런 경우라면 당신은 스탠드하여 상대가 버스트가 되도록 기다리는 것이 좋다.

그렇지만 다른 두 종류의 토탈 18, 즉 A+7과 9+9는 매우 재미있는 패이다. A+7, 즉 소프트 18의 패를 가지고 할 수 있는 전략은 두 가지이다.

첫째 히트하거나, 둘째 스탠드하는 것이다. 보통의 플레이어는 이 패를 가지고 스탠드하지만 딜러의 펼친 카드가 2, 3, 4, 6, 7, 8일 경우에는 히트하거나 스탠드하거나 어느 쪽을 선택해도 좋다.

두 장의 9는 스플릿을 하지 말고 기다리는 것이 좋다.

소프트 18은 딜러의 패가 9나 10을 보여줄 때 기본 게임전략은 무조건 히트이다. 당신에게 도움이 되는 카드는 세 개뿐이고 당신을 버스트시키는 카드는 6장이 된다. 이 때문에 히트를 하는 것은 공식에 어긋난 것처럼 보인다. 그럼에도 불구하고 히트를 해야 하는 것은 스탠드를 한다고 해도 딜러에게 질 가능성이 많기 때문이다.

TOTAL 17

기본전략

하드 17: 대부분 스탠드를 한다.

소프트 17: 대부분 히트한다.

적절히 카운트를 해나가고 있는 경우

하드 17: 대부분 스탠드를 한다. 딜러의 오픈카드가 A나 10에 대해 히트할 수 있다.

소프트 17: 대부분 히트한다. 딜러의 오픈카드 2, 3, 4, 6에 대해 더블다운을 한다. 딜러의 오픈카드 8, 9, 10, A면 무조건 히트한다.

토탈 하드 17일 경우에는 거의 대부분 스탠드를 하는 것이 정상적인 플레이다.

카운트를 제대로 하고 있고 딜러의 펼친 카드가 A나 10일 경우, 또 덱 속에 낮은 카드가 많을 경우에는 히트할 수 있다.

소프트 17일 경우에는 조금 다르다. 딜러의 오픈카드가 2, 3, 4, 6이라면 더블다운을 하는 것이 유리하다.

카운트가 불리하다면, 즉 마이너스(-)가 된다면 그냥 스탠드를 할 수는 있으나 보통의 경우 더블다운을 하는 것이 좋다. 딜러의 오픈카드가 8, 9, 10, J, Q, K이라면 무조건 히트해야 한다.

블랙잭은 기본 원칙을 따라 가는 것도 중요하지만 그때그때 상황에 맞게 기본 원칙을 탈피할 수도 있다. 즉 블랙잭은 고정 법칙이 있는 것이 아니라 상대성이 있는 게임이라는 점을 명심해야 한다.

딜러의 오픈카드가 8 이상의 높은 숫자일 경우에는 절대로 더블다운을 해서는 안 된다.

Attention

토탈 15, 16에서 히트할 때가 있다. 확실하게 다음 카드를 예상할 수 있을 때만 가능한 플레이다. 간혹 17에서 히트를 하는 사람이 있는데 그는 다음 카드에 대해 무언가를 아는 사람일 가능성이 높다. 그런 사람은 카운터일 가능성이 크다. 하지만 대부분의 경우 15, 16에서는 받지 않는다. 살아 있어야 좋은 날을 볼 수 있기 때문이다. 좋은 날이란 바로 딜러가 버스트가 되는 날이다.

TOTAL 16

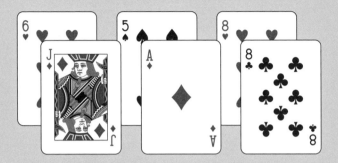

기본전략

하드 16: 딜러의 오픈카드 2, 3, 4, 5, 6에 대해서는 스탠드를 한다. 그 이외 카드에 대해서는 서렌더하는 것이 원칙이다.

소프트 16: 딜러의 오픈카드 2, 3, 4, 5, 6에 대해서는 무조건 더블다운하는 것이 좋다. 딜러의 그 외 카드에 대해서도 히트하는 것이 좋다. 두 장의 8은 딜러의 오픈카드 2, 3, 4, 5, 6에 대해서 반드시 스플리팅한다.

적절히 카운트를 해나가고 있는 경우

하드 16: 카운트에 따라 히트와 스탠드를 적절히 한다. 낮은 숫자 카드가 많이 살아 있을 경우 히트한다. 높은 카드가 많이 살아 있을 경우에 딜러의 오픈 카드 8, 9, 10, A에 대해서는 서렌더를 한다. 딜러의 오픈카드 2, 3, 4, 5, 6에 대해서는 반드시 스탠드를 한다.

소프트 16: 무조건 히트하는 것을 원칙으로 한다. 딜러의 오픈카드 2, 3, 4, 5, 6에 대해서는 더블다운을 하는 것이 좋다. 딜러의 오픈카드 8, 9, 10, A일 경우에는 그냥 히트만 한다.

두 장의 8일 경우: 딜러의 오픈카드 2, 3, 4, 5, 6에 대해서는 반드시 스플리팅한다. 히트한 카드가 2, 3, 4, 6일 경우 더블다운을 한다. 히트한 카드가 4, 5일 때는 보통 스탠드를 한다. 그러나 낮은 자가 많이 살았을 경우에는 다시 히트한다. 판단이 어려운 경우 스테이하여 딜러가 버스트 나기를 기다리는 것이 무작정 히트만 하는 것보다 낫다.

하드 16은 가장 나쁜 패다. 히트를 할 경우 도움이 되는 카드 숫자는 A, 2, 3, 4, 5 다섯 장이다. 다시 말해 13분의 5, 즉 8 대 5의 확률로 버스트가 날 확률이 많다.

서렌더를 허용하는 카지노에서 플레이를 할 경우, 딜러의 펼친 카드 8, 9, 10, A를 만나면 서렌더를 하는 것은 옳다. 서렌더를 함으로써 일단 반이라도 회수하는 것이 이득이 된다. 하지만 서렌더를 너무 자주 하는 것은 좋지 않고, 항상 카운트를 생각하며 그에 따라 결정해야만 한다.

딜러의 오픈카드 2, 3, 4, 6에 대해서는 스탠드를 한다. 소프트 16일 경우에는 6이라고 생각할 수 있으므로 무조건 히트한다. 딜러의 오픈카드 2, 3, 4, 6에 대해서는 더블다운을 하는 것이 좋다. 딜러의 오픈카드 8, 9, 10, A일 경우에는 그냥 히트해야 한다.

두 장의 8일 경우에는 딜러의 오픈카드 2, 3, 4, 6에 대해서는 스플리팅해야만 하며 히트한 카드가 2 내지 3이 나왔을 경우에는 바로 더블다운하는 것이 좋다. 만약 히트한 카드가 4, 5가 나왔을 경우에는 어려워지는데, 보통의 경우는 스탠드를 하고 낮은 숫자 카드가 많이 살아 있을 경우에만 한 번 더 히트할 수 있다.

TOTAL 15

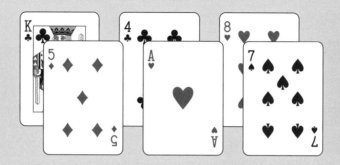

기본전략

하드 15: 딜러의 오픈카드 7, 8, 9, 10, A를 상대로는 히트를 하는 것이 원칙이지만 9, 10을 상대로는 가능하면 서렌더하는 것이 좋다. 딜러의 오픈카드 2, 3, 4, 5, 6에는 스탠드한다.

소프트 15: 딜러의 오픈카드 4, 5 또는 6을 상대로는 더블다운을 해야만 한다. 왜냐하면 조금이라도 유리할 때 맘껏 딜러의 돈을 빼앗아와야 하기 때문이다.

적절히 카운트를 해나가고 있는 경우

하드 15: 서렌더할 수 없을 경우 딜러의 오픈카드 10 상대로는 히트해야 한다. 딜러의 오픈카드 2, 3, 4, 6을 대상으로 스탠딩한다.

소프트 15: 딜러의 오픈카드 4 상대로는 카운트가 약간 불리해지면 더블다운을 하지 않는다. 딜러의 오픈카드 5 상대로는 카운트가 적당히 불리해지면 더블다운을 멈춘다. 하지만 보통의 경우는 더블다운하는 것을 원칙으로 한다. 딜러의 5는 의외로 강한 패다.

토탈 15인 9+6은 토탈 16인 10+6만큼이나 아주 나쁜 패에 속한다. 그러나 사실 이 패에 히트하여 버스트되는 것은 토탈 16이 열세 번 중에 여덟 번인 데 비해 토탈 15는 열세 번 중에 일곱 번 정도다. 따라서 생각보다 그리 나쁜 것은 아니다.

기본 전략은 토탈 16과 거의 같다. 딜러의 패 7, 8, 9, 10, A를 상대로 는 히트하고 그렇지 않을 경우 스탠딩해서 상대가 버스트 나기를 기다린다. 이런 종류의 스몰 카드에 대한 최선책은 딜러가 21을 초과해 버스트를 내주는 것이다. 그러나 딜러가 높은 카드를 잡았다면 당신 은 히트를 하는 것이 당연히 더 낫다.

딜러의 오픈카드 10을 상대로는 서렌더하는 것이 옳다. 하지만 어 떤 카지노에서는 서렌더를 허용하지 않는 경우도 있다. 따라서 게임 을 시작하기 전에 살펴둘 일이다.

만약 당신이 승부에 대한 열정이 있다면 그냥 히트를 해도 무방하 다. 당신이 카운트를 하고 있어서 낮은 수 카드가 많이 남았다고 판단 될 경우에는 딜러의 오픈카드 2나 3을 상대로는 히트해야 한다. 딜러 의 오픈카드가 10, A 등이고 높은 카드가 많이 살아남았을 경우에는 당연히 서렌더하는 것이 낫다. 딜러에게 덱이 많이 유리한 경우에는 딜러의 오픈카드 9에 대해서도 서렌더하는 것이 옳다.

당신이 만약 덱에 다른 수는 모두 똑같이 있으나 7이 더 많이 살아 남아 있다는 사실을 파악하고 있다면 딜러 9를 상대로는 히트를 하지 않는 것이 좋다. 이 7을 나는 '키 카드'라고 부른다. 왜냐하면 이 7이 당 신에게로 가면 버스트되지만 딜러에게 토탈 16을 안겨주기 때문이다. 이 16 때문에 딜러는 다시 한 장의 카드를 더 가져가야 하며, 그렇게 되면 딜러가 버스트가 될 확률이 많아진다. 이것은 흥미로운 점이긴 하지만 블랙잭 승리를 위한 필수적인 전략은 되지 못한다.

소프트 15의 경우, 당신은 딜러의 오픈카드 2, 3, 4, 6을 상대로는 더블다운해야 한다. 만약 당신이 집계를 정확히 해서 카운트가 약간 불리하다면 딜러의 오픈카드 4를 보고도 더블다운을 하지 말아야 한다. 카운트가 조금 더 불리할 때도 딜러의 5를 상대로 더블다운을 하지 않는다.

Attention

딜러의 오픈카드 10에 대하여 15, 16과 같은 나쁜 패로 서렌더를 하거나 아니면 버스트 날 가능성이 많음에도 히트를 해야 하는가의 문제는 다음을 보면 알 수 있다.
딜러의 숨겨진 카드에
(가) 2, 3, 4, 5, 6 같은 딜러에게 나쁜 카드가 떨어질 경우
(나) 7, 8, 9, 10, J, Q, K, A와 같이 딜러에게 좋은 카드가 떨어질 경우
두 경우의 비중 확률은 5 대 8이다. 더구나 카운트가 +3 정도로 유리할 때는 딜러가 거의 메이드를 잡았다고 해도 과언이 아닐 것이다. 따라서 딜러의 패 10에 대해 15, 16 같은 패를 잡았을 경우에는 어차피 지고 있으므로 히트를 하거나 과감히 서렌더를 하는 것도 나쁘지 않다.
이와 비슷한 상황에서 12, 13, 14는 거의 무조건 히트해야 한다. 14는 오히려 플레이하는 것이 나을 수 있다.

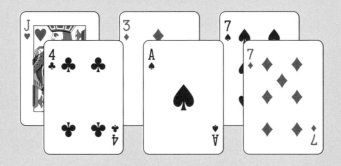

기본전략

하드 14: 딜러의 오픈카드가 7, 8, 9, 10, A라면 히트한다. 이 이외 경우는 스탠딩을 한다.

소프트 14: 딜러의 오픈카드 2, 3, 4, 6을 상대로는 더블다운한다.

두 장의 7: 딜러의 오픈카드 2, 3, 4, 6, 7을 상대로는 스플리팅한다.

적절히 카운트를 해나가고 있는 경우

하드 14: 딜러의 오픈카드 10 상대로 덱이 적당히 마이너스(-)가 되면 서렌더한다. 딜러의 오픈카드 2 상대로는 덱이 적당히 마이너스(-)일 때는 히트한다. 딜러의 오픈카드 2, 3, 4, 6을 상대로 스탠딩한다.

소프트 14: 딜러의 오픈카드 2, 3, 4, 6을 상대로는 카운트가 적당히 유리하면 더블다운한다. 덱이 약간 불리하면 더블다운을 멈춘다.

두 장의 7: 카운트에 상관없이 기본 전략에 따른다. 딜러의 오픈카드 2, 3, 4, 6, 7을 상대로는 스플리팅을 한다. 딜러의 오픈카드 8, 9, 10, J, Q, K, A를 상대로는 그냥 히트한다.

토탈 14 카드 8+6에서 히트하는 것은 토탈 15나 토탈 16에서 히트하는 것만큼 자주 버스트되지는 않을 것이다. 그러나 당신은 아직 히트할 경우 자주 버스트될 확률이 많다. 따라서 당신은 딜러가 스몰 카드를 펼칠 경우 스탠딩을 하는 것이 당신 스스로 히트를 시도하는 것보다 나을 것이다.

기본 전략은 앞에 전술한 토탈 15나 토탈 16에서 한 것과 같다. 즉, 딜러의 오픈카드 7, 8, 9, 10, A를 상대로 히트를 하고 2, 3, 4, 5, 6을 상대로 스탠딩한다. 대신 서렌더는 하지 않는다.

당신이 이런 기본 전략에서 벗어나려면 정확히 카운트를 해야 한다. 예를 들어, 딜러 패 2나 3을 상대로 14에서 히트하려면 카운트가 마이너스(-)가 되는 것이 좋다.

토탈 15나 16으로 히트를 하려면 카운트는 마이너스 (-)가 클수록 좋다. 카운트가 큰 마이너스(-)일 때 토탈 14는 모든 패, 즉 4, 5 또는 6을 상대로 히트하도록 가르쳐준다.

한편으로 토탈 14는 히트로 충분히 자신의 패를 개선시킬 수 있으므로 실제로는 카운트가 어떻든지 상관없이 딜러의 하이오픈카드를 상대로 히트한다. 이것은 카운트가 플러스(+)일 때 딜러의 높은 카드를 상대로 스탠딩하는 토탈 15와 토탈 16의 전략과는 다르다.

하나의 잘 알려진 예외가 있다. 이는 당신이 14를 가지고 있을 때 딜러의 오픈카드가 10일 경우, 그리고 덱 속에 7이 몇 장 있거나 아예 없는 경우에 발생한다. 이럴 때는 스탠딩한다. 그 이유는 앞에 설명한 나의 "키 카드 컨셉"과 관련 있다. 딜러의 오픈카드 10을 상대로 한 토탈 14의 경우, 7이 당신 손에 떨어진다면 21이 되어 더할 나위가 없다. 반면 이 7이 딜러에게 가면 버스트가 된다.

따라서 덱에서 남은 7이 적다는 것은 히트할 의욕을 감퇴시킨다. 당신이 7을 가져와 21이 되지 않고 3 또는 4를 히트로 카드를 가져왔다면 당신은 여전히 질 것이다. 따라서 당신은 스탠딩하고 딜러가 버스트될 것을 기대하는 것이 낫다.

이러한 특별한 상황에서 7의 효과는 매우 강하다. 딜러 10을 상대로 한두 장의 7을 가졌다면 기본 전략은 스탠딩을 하는 것이다. 토탈 14에서 두 장의 7을 가졌다면 원 덱에서 7의 반을 가졌기 때문에 앞으로 7이 나올 가능성은 많지 않다는 것이다. 따라서 스탠딩을 하는 것이 좋다.

그럼에도 나는 7에 대한 전략을 완성하는 의미에서 언급한다. 나는 당신이 7이 과연 몇 장이 남았는지 기억하고 있지 않을 것이라는 점을 잘 안다. 따라서 그것은 그리 중요하지 않다. 왜냐하면 딜러가 펼친 10을 상대로 토탈 14를 스탠딩하는 상황은 아마추어 경우에는 매우 드물 것이기 때문이다.

두 장의 7에 관한 문제는 나중에 다시 논의해보자. 소프트 14, 즉 A+3은 당연히 스탠딩하지 않을 카드다. 따라서 문제는 오직 히트할 것인가 더블다운(이 상황에서 어떤 카지노는 당신이 더블다운할 수 없도록 한다)할 것인가이다.

딜러의 오픈카드가 8, 9, 10이라면 더블다운을 해서는 안 된다. 더블다운을 고려한다면 당신은 딜러의 2, 3, 4, 6을 상대로 더블다운을 할 경우 비록 당신이 당신의 승률을 어떻게 낮춘다 하더라도 약간의 기대를 더 걸 수 있다. 카운트 결과 덱이 플러스(+)라면 당신은 딜러의 4를 상대로 또한 더블다운을 할 수 있다. 하지만 당신은 덱이 약간이라도 마이너스(-)가 되면 절대로 더블다운을 해서는 안 된다.

이제 두 장의 7, 7+7로 돌아가자. 이 특정 페어의 기본 전략은 2페어, 3페어, 6페어의 전략과 매우 비슷하다. 7페어의 기본 전략은 딜러의 패 2, 3, 4, 6에 대해서 스플리팅을 하는 것이 올바른 플레이라는 것이다. 이는 당신이 스플리팅 후에 더블다운을 할 수 없다 하더라도 스플리팅을 해야 한다는 뜻이다.

올바른 7페어의 스플리팅 전략은 카운트 변화에 영향을 받지 않는다. 예를 들어 딜러의 3에 대해 7페어를 스플릿했다고 하자. 히트를 하여 6을 잡는다면 당신은 덱이 약간 마이너스(-)일 경우 다시 한 번 히트를 하면 된다. 하지만 보통의 경우는 13에서 스탠드를 하는 것이 원칙이다.

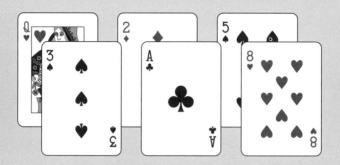

TOTAL 13

기본전략

하드 13: 딜러의 오픈카드 8, 9, 10, A에 대하여 히트하라. 딜러의 오픈카드 2, 3, 4, 5, 6까지에 대해서는 스탠드하라. 7은 항상 애매하다.

소프트 13: 딜러의 오픈카드 2, 3, 4, 6까지에 대하여 더블다운하라. 모든 것에 대하여 히트하라.

적절히 카운트를 해나가고 있는 경우

하드 13: 카운트가 조금씩 불리해지면(마이너스가 되어가면) 2나 3에 대하여 히트하라. 카운트가 다소 불리해지면(마이너스가 되어가면) 2, 3, 4, 6까지에 대하여 히트하라.

소프트 13: 카운트가 조금씩 불리해지면 더블다운을 중지하라.

카드 Q+3은 토탈 12, 14들과 효력은 거의 같다. 구체적으로 말하면 딜러의 펼친 카드 7, 8, 9, 10, A의 높은 카드에 대해서 히트할 수 있고 2, 3, 4, 5, 6까지의 작은 카드에 대해서 스탠드할 수 있다.

하지만 히트해도 카드가 당신을 버스트시키는 것은 40% 미만이다. 따라서 당신이 카운트를 해도 스탠드하는 일은 드물 것이다. 특히 딜러의 오픈카드 2, 3에 대해 카운트가 마이너스(-)를 보여주었다면, 달리 말하면 덱 속의 카운트가 조금 불리하다면 당신은 딜러의 오픈카드 2, 3, 4, 6에 대해서도 히트해야 한다.

조금 불리한 카운트이면 딜러의 3에 대하여 토탈 13을 히트하는 것으로 전술을 바꾸어야 한다. 딜러의 오픈카드 2, 3, 4, 5, 6에 대해서는 스탠딩하는 것이 원칙이다. 이처럼 토탈 13은 딜러의 낮은 카드뿐만 아니라 높은 카드에 대해서도 히트하지 않는 한 딜러를 이길 수 없다.

소프트 13은 카드 A+2로 구성되어 있다. 이 A+2는 언제나 히트해야 한다. 당신이 카지노에서 더블다운을 허락하는 한은 이런 카드는 더블다운을 해야 한다. 하지만 한 가지 유념할 것은 A+2로 더블다운하는 것이 다른 소프트 카드로 더블다운하는 것보다 결코 유리하지는 않다는 것이다.

예를 들어보자. 소프트 17(A+6)이나 소프트 16(A+5)이 있다고 하자. 이들은 자주 히트해도 괜찮은 패라는 사실을 알고 게임에 임해야 한다. 예를 들어 만약 딜러의 업 카드가 5이고 당신이 더블다운을 한다면 당신은 A에서 4까지(9나 10은 말할 것도 없고) 어느 것을 잡을지라도 그 선택이 유리했음을 알게 될 것이다.

이것을 카드 5에 대한 소프트 17(A+6)과 비교해보라. 이 경우 비록 당신이 더블다운을 할 수 없을지라도 당신은 히트해서 하나의 카드를 더 갖는다. 하지만 그 이상 다시 히트할 수는 없다. 따라서 당신이 A+6을 갖고 있다면 더블다운을 할 수 있을 때 무조건 더블다운을 해야 하는 것이다.

이것은 A+2인 경우가 아니다. 주의하라. 당신이 다시 히트할 수 있게 하기 위한 단 하나의 카드는 다른 A가 될 것이므로 A+2보다는 A+5

같은 카드가 더 낫다는 것이다.

당신은 딜러의 오픈카드 5, 6에 대하여 A+2로 더블다운을 할 수 있다는 사실을 기초전술로 받아들일 수 있을 것이다. 하지만 소프트 13은 더블다운을 하지 않는 것이 옳다. 왜냐하면 아주 작은 숫자 카드를 받았을 경우, 예를 들어 2, 3, 4, 5 같은 숫자 카드, 혹은 5자를 받았을 경우 다시 한 장을 더 받아 자신의 패를 발전시킬 수 있기 때문이다.

카운트가 조금 불리한 경우에도 이 게임을 완전히 나쁜 게임으로 만들어서는 안 된다. 이때 덱 속에 남아 있는 여분의 스몰카드가 딜러에게 이로울 뿐만 아니라 스몰카드가 당신이 다시 히트할 수 있도록 만들어주므로 더 이상 걱정거리는 되지 않을 것이다.

보통 더블다운을 할 때 기준인 9나 10 같은 높은 카드는 당신이 아직 덱 속에 남아 있는 여분의 높은 카드 하나를 잡을 가능성이 많으므로 자칫 버스트를 초래할 수 있다. 당신이 A+2를 가질 때는 이런 위험성이 당신을 위협하지는 않을 것이다. 만약 당신이 A+2로 더블다운만 고집한다면 자신을 위험에 빠트릴 수도 있다.

Attention

딜러가 5를 펼쳐 보일 때는 반 이상이 버스트될 확률이라는 사실을 기억하라. 딜러가 7, 8, 9, 10, A일 때는 버스트가 나지 않는다고 보면 된다. 딜러가 10일 때는 3분의 2가 이미 메이드되었다고 보아야 한다. 따라서 딜러의 높은 오픈카드에 13, 14, 15, 16 등의 토탈은 히트한다.

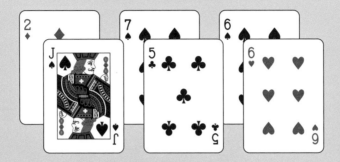

TOTAL 12

기본전략

하드 12: 딜러의 오픈카드 2, 3, 4, 6에 대해서는 스탠딩한다. 딜러의 오픈카드 7, 8, 9, 10, J, Q, K, A에 대해서는 히트한다.

두 장의 6: 딜러의 오픈카드가 낮으면 무조건 스플리팅한다. 딜러의 오픈카드 8, 9, 10, A를 상대로는 그냥 히트한다.

적절히 카운트를 해나가고 있는 경우

하드 12: 자신이 판단하여 변화를 구할 수 있다. 딜러의 오픈카드 2, 3에 대해서는 스탠딩한다.

두 장의 6: 대부분 스플리팅하는 것이 좋다.

카드 J+2는 실제로 다른 경우들과 확실히 조금 다르다. 여기에 당신이 히트한 카드가 10이 나오면 그것은 당신을 버스트하는 히트이기 때문에 당신이 히트로부터 버스트되지 않고 살아남을 가능성은 13분의 9가 된다. 즉 13번 중에 4번 정도가 버스트가 나므로 당신이 버스트가 나지 않을 확률은 4 대 9로 유리하다.

만약 당신이 적절히 카운트 중이라면 카운트가 불리해질수록, 즉 마이너스(-)가 될수록 히트하기가 쉬워진다. 딜러의 오픈카드가 2라면 5보다 더 많이 히트가 가능할 것처럼 보인다. 하지만 대부분의 경우 2, 3, 4, 5, 6에 대하여 스탠딩하는 것이 아직은 옳다. 보통의 경우 딜러의 낮은 자에 대해서는 스탠딩하는 것이 좋다.

카운트가 조금 좋은 덱에 대해서, 당신은 딜러의 오픈카드 2, 3, 4, 5, 6에 대해서는 스탠드를 하게 될 것이다. 그리고 다소 더 카운트가 유리해진다면 2에 대해서도 스탠드하기 시작할 것이다. 딜러의 높은 카드에 대해서는 토탈 12로 스탠드하는 게 일반적이다.

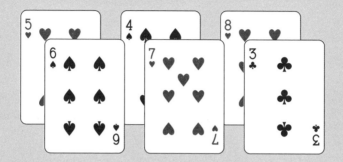

기본전략

하드 11: 딜러의 오픈카드 2, 3, 4, 6, 7 혹은 8까지라도 더블다운하는 것이
좋다. 딜러의 오픈카드 5, 9, 10을 상대로는 절대로 더블다운해서는 안 된다.
적절히 카운트를 해나가고 있는 경우
하드 11: 더블다운을 멈출 수도 있다.

토탈 11에서 하드카드는 6-5, 4-7, 3-8, 9-2 등이 있다. 지금부터
토탈 2까지는 소프트의 경우가 없다. 두 장의 합이 11이어야 하므로
소프트일 경우 A 한 장만으로 이미 11이 되기 때문이다.

토탈 11이 되면 딜러의 오픈카드 2, 3, 4, 5, 6에 대해서, 혹은 7, 8까
지도 더블다운하는 것이 좋다. 히트 카드로 8, 9, 10을 받으면 이겼다
고 보아도 좋을 것이기 때문이다. 설령 7, 6을 받아도 딜러에 비해서는
상당히 유리하다. 단지 A, 2, 3, 4, 5는 크게 도움이 되지 않지만 버스트
가 나지는 않으므로 역시 딜러와 반반 이상의 승부를 겨룰 수 있다.

6+5이거나 5+5를 잡았을 경우에는 딜러의 오픈카드가 스몰카드일
경우 거의 99% 더블다운하는 것이 블랙잭을 하는 요령이다.

유리할 때 딜러를 상대로 많이 이겨놔야 한다는 점은 지금까지 누차 강조해왔다. 그래야만 딜러에게 유리한 1.5~2% 차이를 극복하고 승리하는 블랙잭 게임을 해나갈 수 있는 것이다.

Attention

멀티플 덱으로 게임을 할 때 높은 숫자 카드는 높은 것끼리, 낮은 숫자 카드는 낮은 것끼리 몰려다니는 경우가 흔히 있다. 이와 같은 흐름을 잘 읽는다면 게임에서 승리하기 쉬워질 것이다.

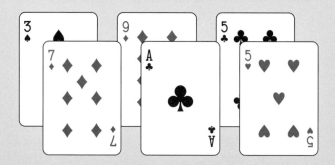

기본전략

하드 10: 딜러의 오픈카드가 낮은 경우 더블다운한다. 딜러의 오픈카드 9, 10, A일 경우 그냥 히트한다.

두 장의 5: 스플리팅하지 않는 것이 원칙이다.

적절히 카운트를 해나가고 있는 경우

딜러의 오픈카드 8일 경우 승부 흐름에 따라 결정한다. 카운트가 좋지 않을 때, 딜러가 승세를 타고 있을 때는 딜러의 오픈카드가 낮더라도 그냥 히트한다.

이것은 가장 간명한 패다. 2+8, 3+7, 4+6, 5+5, A+9은 모두 토탈 10이다. 이때 두 장이 5라면, 즉 5-5는 스플릿을 하지 않는 것이 원칙이다.

딜러의 오픈카드가 낮은 숫자일 경우에는 더블다운을 한다. 그리고 딜러의 오픈카드가 9, 10, A일 경우에는 그냥 히트한다. 딜러의 오픈카드가 8일 경우에는 승부 흐름에 따라 결정하면 된다. 이 외에 카운트가 좋지 않을 때와 딜러의 기세가 좋을 때는 비록 딜러의 오픈카드가 낮다 하더라도 더블다운을 하지 않고 그냥 히트하는 것이 원칙이다.

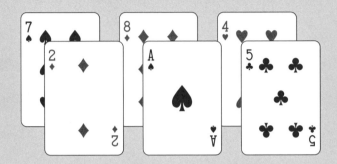

TOTAL 9

기본전략

하드 9: 딜러의 오픈카드가 2, 3, 4, 6일 때 더블다운하라.

적절히 카운트를 해나가고 있는 경우

하드 9: 1. 카운트가 조금이라도 좋지 않으면 딜러의 오픈카드 2, 3, 4, 6에 맞서서 더블다운하는 것은 멈추어야 한다.

2. 카운트가 적당히 좋지 않으면 2, 3, 4, 6에 맞서 더블다운하지 마라.

3. 카운트가 적당히 좋으면 7에 맞서 더블다운하라.

4. 카운트가 매우 유리하면 7에 맞서 더블다운하라.

토롭이 《Bear the Dealer》라는 책을 처음 냈던 1962년에 몇몇 사람들을 놀라게 한 제안 중 하나는 종종 A로 더블다운을 해야 한다는 사실이었다. 상식적으로 경기는 최상의 결과가 토탈 20이 되어야 하고, 더 그럴듯한 낙관적인 예상은 19이기 때문이다. 게다가 9로 더블다운하는 것은 딜러의 패가 무엇이든지 간에 2를 받았을 경우 히트를 더 이상 할 수 없기 때문에 이길 기회가 줄어들 것임에 틀림없다.

이러한 상식적인 이유에도 불구하고 토롭과 그의 컴퓨터는 사실상 토탈 9로 더블다운을 할 때 가끔 승리의 숫자가 증가하는 것을 발견했다.

예를 들면, 딜러의 패가 4이고 당신이 9로 히트한다면 57%는 당신이 이기는 장면을 발견하게 될 것이다. 당신이 더블다운한다면 기회는 55%로 떨어지지만 역시 승리한다. 토롭은 비슷한 이유를 들면서 토탈 9에 대한 기본 전략으로, 딜러의 패가 2, 3, 4, 5, 6일 때는 더블다운을 해야 한다는 것을 발견했다. 그래서 당신이 2, 3, 4, 5, 6에 맞서 9로 더블다운한다면 실수할 가능성은 작아진다.

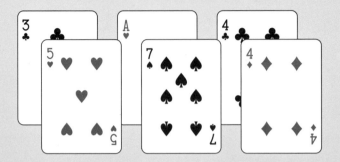

TOTAL 8

기본전략

하드 8: 딜러의 모든 카드에 대해서 히트한다.

두 장의 4: 딜러의 오픈카드가 2, 3, 4, 6이라면 스플리팅을 한다. 그 외 카드에서는 스플리팅을 하지 않고 히트만 한다.

적절히 카운트를 해나가고 있는 경우

하드 8: 카운트가 다소 좋을 때 딜러의 2, 3, 4, 6에 대해 더블다운할 수도 있다. 카운트가 상당히 좋을 때 딜러의 5에 대해 더블다운할 수 있다.

두 장의 4: 스플리팅 후에 더블할 수 없으면 절대 스플리팅하지 마라. 당신이 스플리팅 후에 더블할 수 있는 경우 카운트가 다소 좋지 않다면 딜러의 2, 3, 4, 6에 맞서 스플리팅을 한다. 하지만 원칙적으로 딜러의 오픈카드가 낮을 경우에는 스플리팅을 하지 않는 것이 좋다.

앞서 토탈 18에서 다룬 A+7은 정상적 전술이라면 단순히 히트하는 것이다. 그러나 카운터가 제대로 이루어지고 있다면 때때로 그것을 더블다운할 수 있는 경우도 있다. 카운트가 조금이라도 좋으면, 즉 플러스(+)가 되고 있다면 딜러의 오픈카드가 2, 3, 4, 6일 때 맞서보는 것도 좋다.

카운트 결과가 상당히 좋다면 딜러 패 5에 맞서는 것이 온당하고, 카운트 결과가 매우 좋을 때는 딜러 패 4에 맞서는 것이 훨씬 좋다.

두 장의 4인 경우, 스플릿 후에 더블다운하는 것이 허용되지 않는 카지노에서 경기를 하고 있다면 스플릿하지 않는 것이 낫다. 그러나 스플릿을 한 후라면 당신은 카운트가 나쁘지 않는 한 딜러의 패 2, 3, 4, 6에 맞서야 하고 카운트가 다소 좋다면 딜러의 패 4에 맞서야 한다.

이것은 토탈 8에서 더블다운하는 것보다는 조금 낫다. 달리 얘기하면 당신이 8에서 더블다운하는 어느 경우에나 스플릿 후에 더블을 할 수 있다면 두 장의 4를 스플릿하는 편이 훨씬 낫다.

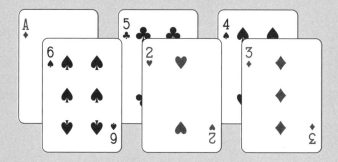

TOTAL 7

기본전략

하드 7: 딜러의 모든 카드에 대해 히트한다.

당신이 카운트를 해나가고 있는 경우

카운트가 매우 좋다면 딜러의 5 혹은 6에 대해 더블다운을 할 수도 있다.

우리는 여기서 하드 7을 논의할 것이다. A+6 같은 패는 소프트 17 이다. 그러므로 이 패에 한해서는 토탈 17과 동일한 전략을 사용하면 된다. 그 밖의 하드 7인 패에서 당신이 할 일은 더블다운을 할 것인지 안 할 것인지를 결정하는 것이다.

기본 전략은 그냥 히트하는 것이다.

Attention

자신 앞에 앉은 사람에게 높은 숫자 카드가 떨어졌다면 자신의 패에도 높은 패가 떨어질 가능성이 높다. 반대로 앞사람 패에 낮은 카드가 떨어졌다면 자신의 패에도 낮은 숫자 카드가 떨어질 가능성이 많아진다.

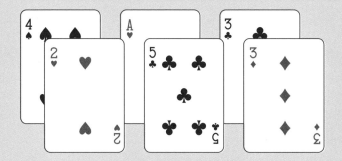

TOTAL 6

기본전략

하드 6: 딜러의 모든 카드에 대해 항상 히트한다.

두 장의 3: 딜러의 오픈카드 2, 3, 4, 5, 6, 7에 대해 스플리팅을 한다.

적절히 카운트를 해나가고 있는 경우

하드 6: 딜러의 모든 카드에 대해 항상 히트한다.

두 장의 3: 딜러의 오픈카드가 8 이상이면 스플리팅을 멈추고 그냥 히트한다.

토탈 16에서 다룬 A+5는 항상 히트를 하는 것이 기본 전략이었다. 이밖에 토탈 16이 되는 경우는 두 장의 3이 있다. 당신이 이것을 스플리팅하지 않는다면 매우 나쁜 토탈 6으로부터 시작할 것이고, 단순히 그것들을 히트한다면 어떤 카드가 나오든지 간에 돈을 잃을 것이다. 두 장의 3은 스플리팅을 해서 두 판으로 운영하는 것이 잘하는 것이다.

스플리팅할 때 좋은 카드를 잡았다면 더블다운을 허용하는 것과 않는 것의 차이는 크다. 따라서 그 카지노가 스플리팅 후 더블다운을 허락하는지 않는지를 알아두어야 한다.

두 장의 3 카드에서 기본 전략은, 할 수 있다면 딜러의 오픈카드 2,

3, 4, 6에 대해 두 장의 3을 스플리팅하는 것이다. 그러나 규정상 더블다운을 할 수 없다면 딜러의 오픈카드 2, 3, 4, 6, 7에 맞서 두 장의 3을 스플리팅해야만 한다. 당신이 스플리팅한 3은 약하다. 따라서 두 가지 게임을 해나갈 때 어느 한쪽이 질 것 같으면 그 질 것 같은 카드를 히트해서 최대한 뽑아내야 한다. 그래야 다음 판에 유리해지기 때문이다.

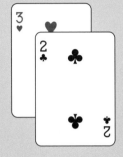

기본전략

하드 5: 히트한다.

적절히 카운트를 해나가고 있는 경우

하드 5: 다른 작전이 있을 수 없다. 히트한다.

A+4는 토탈 15와 같다.

이것은 토탈 15의 전략을 그대로 따르면 된다.

그 밖에 2+3이 있는데 달리 작전이란 있을 수 없다. 딜러의 모든 카드에 대해 히트한다.

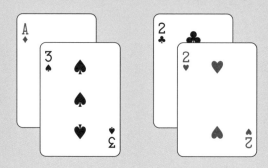

TOTAL 4

기본전략

두 장의 2: 딜러의 2, 3, 4, 6, 7까지에 대해서 반드시 스플리팅한다.

적절히 카운트를 해나가고 있는 경우

두 장의 2: 카운트가 불리할 경우에는 스플리팅하는 것을 멈춰야 한다.

A+3은 소프트 14이다. 이 전략은 그대로 토탈 14에서 말했던 전략을 따르면 된다. 다른 토탈 4, 이를테면 2+2, 두 장의 2는 당신이 스플리팅할 패이거나 히트할 패다. 기본적인 전략은 딜러의 오픈카드 2, 3, 4, 6에 스플리팅하는 것이다. 그렇지 않다면 히트하는 것이다.

당신이 만약 스플리팅 후에 더블다운할 수 있다면 두 장의 2는 반드시 스플릿해야 한다. 두 장의 2는 스플리팅하기 전까지는 토탈 3, 5, 6, 7과 전략이 비슷하다.

한 번 더 강조하는 것은, 두 장의 2일 경우 딜러의 오픈카드가 낮은 카드에 대해서도 스플리팅을 실시하는 것을 원칙으로 삼는다는 점이다.

TOTAL 2

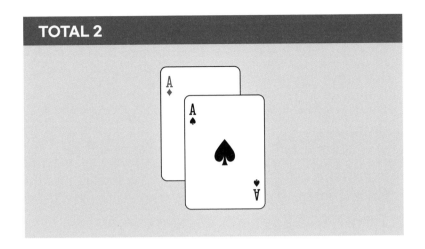

두 장의 에이스를 받았을 때는 거의 모든 경우에 스플리팅하는 것이 원칙이다.

반면 딜러의 오픈카드가 A라면 스플리팅을 하지 않는 것이 원칙이다.

2. 간단한 기본 전략

아래 내용은 간단한 기본 전략에 대해 설명한 것이다.

승리를 향하는 길에 매우 접근한 전략이므로 가능한 머릿속에 외워 둘 필요가 있다.

🎲 하드 패

- 자신의 패가 11 또는 그 이하에서는 스탠드하지 말 것
- 자신의 패가 17 또는 그 이상에서 히트하지 말 것
- 자신의 패 12부터 16까지는 딜러의 오픈카드 8, 9, 10, A에 대해 서는 히트하라.
- 자신의 패 12에서 16까지는 딜러의 오픈카드 2, 3, 4, 5, 6에 대해 무조건 스탠드하라.
- 자신의 패 11로는 딜러의 오픈카드 9, 10, A를 제외한 모든 카드 에 대해 더블다운하라.
- 자신의 패 10으로는 딜러의 오픈카드 2, 3, 4, 5, 6, 7까지에 대해 더블다운하라.
- 자신의 패 9로는 딜러의 오픈카드 2, 3, 4, 5, 6까지에 대해 더블다 운하라.

🎲 소프트 패

- 자신의 패 17 또는 그 이하에서 스탠드하지 말 것
- 자신의 패 19 또는 그 이상에서 히트하지 말 것

- 자신의 패 18은 딜러의 오픈카드 9, 10, A에 대해 히트하라.
- 더블다운이 가능하다면 자신의 패 소프트 18에서 딜러의 오픈카드 2, 3, 4, 5, 6, 7에 대해 더블다운해야 한다. 그리고 딜러의 오픈카드 2, 7, 8에 대해서는 완전히 스탠드해야 한다. 더블다운이 불가능하면 당신은 딜러의 오픈카드 2, 3, 4, 5, 6, 7, 8까지에 대해 스탠드해야 한다.
- 자신의 패 13, 14, 15, 16, 17은 딜러의 오픈카드 2, 3, 4, 5, 6에 대해 더블다운하라. 그렇지 않다면 스탠드하라.

🎲 페어

- 두 장의 A와 두 장의 8은 항상 스플리팅하라.
- 두 장의 10, 5는 절대로 스플리팅하지 말라.
- 두 장의 9는 딜러의 오픈카드 7, 10, A를 제외한 모든 패에 대해 스플리팅하라.
- 두 장의 2, 3, 6, 7은 딜러의 오픈카드 4, 6, 7까지에 대해 스플리팅하라. 스플리팅 후에 더블다운할 수 있다면 두 장의 3도 스플리팅하라.
- 예외: 딜러 7에 대해 두 장의 6은 스플리팅을 삼가라.

위의 모든 규칙들을 획일적으로 적용해서는 안 된다. 카운트를 해나가되, 동료 플레이어들과의 호흡, 베팅 액수 등에 따라 작은 변수가 생긴다. 이 모든 변수들에 대해 능동적으로 대처해나가는 밑바탕에는 역시 정확한 카운트가 동반되어야 한다.

3. 전략 변화

이제 기본적인 전략 전술이 어떻게 변화를 겪어야 하는지를 설명하려 한다. 기본적인 전략을 확실히 내 것으로 소화했다면 지금부터는 주변 상황에 따라 임기응변 기량을 발휘해야 한다.

다음은 실전에서 자주 보이는 전략 전술의 변화를 적은 것이다. 이것은 바로 이 책에서 제시한 카운트 방법에 따라 올바른 카운트가 행해진 후에 내려진 결정이어야 한다. 그렇지 않다면 어떠한 형태의 전술 변화도 쓸모없는 것이 된다는 점을 명심하라.

🎲 덱의 카운트가 조금 유리할 경우 - 카운트가 플러스(+)일 때

- 토탈 16으로 딜러의 오픈카드 10에 대해서는 서렌더할 수 없다면 스테이하라.
- 토탈 12로는 딜러의 오픈카드 2, 3, 4, 6에 대해 스테이하라.
- 토탈 8로는 딜러의 오픈카드 6에 대해 더블다운하라.
- 소프트 19로 딜러의 오픈카드 2, 3, 4, 5, 6에 대해 더블다운하라.

🎲 덱의 카운트가 많이 유리할 때

- 토탈 20일 경우에 딜러의 패가 A일 때는 인슈어런스를 사라.
- 토탈 16으로 딜러의 오픈카드 A에 대해서는 서렌더할 수 없을 경우 스테이하라.
- 토탈 15로 딜러의 오픈카드 10에 대해 서렌더할 수 없다면 히트하라.

- 토탈 12로 딜러의 오픈카드 2나 3에 대해 스테이하라.
- 토탈 10으로 딜러의 오픈카드 9, 10, A에 대해 더블다운하지 말라.
- 토탈 9로 딜러의 오픈카드 7에 대해 더블다운하라.
- 토탈 8로 딜러의 오픈카드 5에 대해 더블다운하라.
- 소프트 19로 딜러의 오픈카드 4에 대해 더블다운하라.
- 두 장의 9는 딜러의 오픈카드 7이나 A에 대해 스플리팅하라.

덱의 카운트가 대단히 유리할 때

- 토탈 16으로 서렌더할 수 없으면 딜러의 오픈카드 9에 대해 스테이하라.
- 토탈 15로 서렌더할 수 없으면 딜러의 오픈카드 에이스에 대해 히트하라.
- 토탈 8로 딜러의 오픈카드 2, 3, 4, 6에 대해 더블다운하라.
- 소프트 19로 딜러의 오픈카드 2, 3, 4, 6에 대해 더블다운하라.
- 소프트 20으로 딜러의 오픈카드 2, 3, 4, 6에 대해 더블다운하라.
- 두 장의 9는 딜러의 오픈카드 7에 대해 반드시 스플리팅하라.
- 두 장의 10은 딜러의 오픈카드 2, 3, 4, 6, 7에 대해 스플리팅할 수도 있다.

덱의 카운트가 조금 불리할 때 - 카운트가 마이너스(-)일 때

- 토탈 12는 모든 딜러 오픈카드에 대해 히트하라.
- 토탈 13은 딜러의 오픈카드 2나 3에 대해 히트하라.
- 토탈 11로 딜러의 오픈카드 A에 대해 더블다운하는 것은 자제하라.

- 토탈 9로 딜러의 오픈카드 10에 대해 더블다운하는 것은 자제 하라.

- 소프트 13, 14로 딜러의 모든 오픈카드에 대해 더블다운하는 것 은 자제하라.

- 두 장의 8로 딜러의 오픈카드 A에 대해 스플리팅하는 것은 자제 하라.

🎲 덱의 카운트가 많이 불리할 때

- 토탈 13으로 딜러의 오픈카드 2, 3, 4, 6에 대해 히트하라.

- 토탈 14로 딜러의 오픈카드 2에 대해 히트하라.

- 토탈 11로 딜러의 오픈카드 9, 10에 대해 더블다운하는 것은 자 제하라.

- 토탈 10으로 딜러의 오픈카드 8에 대해 더블다운하는 것은 자제 하라.

- 토탈 9로 딜러의 모든 오픈카드에 대해 더블다운하는 것을 자제 하라.

- 두 장의 A를 딜러의 오픈카드 A에 대해 스플리팅하는 것을 자제 하라.

- 두 장의 9를 딜러의 오픈카드 2, 3, 4에 대해 스플리팅하는 것을 자제하라.

🎲 덱의 카운트가 대단히 불리할 때

- 토탈 13은 딜러의 오픈카드 7, 8, 9, 10, A에 대해 히트하라.

- 토탈 14로 딜러의 오픈카드 3, 4에 대해 히트하라.
- 토탈 15로 딜러의 오픈카드 7에 대해 히트하라.
- 모든 더블다운을 중단하라.
- 두 장의 페어 패로 딜러 하이카드에 대해 스플리팅하는 것을 자제하라.
- 단 A+A는 반드시 스플리팅한다.

위의 정보는 최소한 99퍼센트 정확하다. 나는 단지 불필요하게 복잡한 것을 피하기 위해 최대한 간소화하려고 노력했다. 그 간소함이 독자들로 하여금 빨리 머릿속에 주입하고 실전에서 금방금방 되새겨져 나올 수 있도록 배려한 것이다. 또한 장황한 설명을 늘어놓아 오히려 배움을 방해하지 않도록 신경을 기울였다.

이제부터 당신은 이 전략전술을 믿고 실전에서 행함으로써 돈을 잃지 않을 뿐 아니라 돈을 따게 되는 신비한 경험을 하게 될 것이다. 이 승리의 비결은 독자들에게 무한한 자신감을 불어넣어줄 것이다.

신기루 현상

한 갬블러가 있었다. 그의 카드 실력은 수준급이었지만, 그러나 최상급 선수는 아니었다. 어느 날 그는 가진 돈을 모두 잃고 카지노와는 인연을 끊어야 하는 사태에 몰리고 말았다. 하지만 그는 역시 갬블러였다.

어느 날 그는 라스베이거스로 날아가 내기당구를 벌였다. 그는 하루 만에 내기당구에서 50만 달러라는 거금을 벌어들였다. 그러나 카지노에서는 50만 달러가 결코 거금이 아니다. 그는 이 돈을 밑천으로 다시 카지노로 돌아왔다.

그는 블랙잭에서 돈을 불린 다음, 어느 날 최고수급의 갬블러와 붙은 일대일 게임에서도 승리를 거두었다. 그때부터 그는 어느 누구와 만나서도 잘 지지 않을 만큼 연전연승의 행보를 이어갔다.

그가 얼마나 많은 게임에서 돈을 거둬들였던지, 한때 그의 게임머니(지불능력, Bankroll)는 4300만 달러에 달한 적도 있었다. 그것은 유례를 찾아보기 힘들 만큼 어마어마한 금액이었다. 이후에도

그의 뱅크 롤은 3700만 달러를 내려간 적이 없었다. 가히 한동안
은 그의 시대였다.

모든 카지노 손님들은 그의 곁에 서서 그의 행운이 자신에게 넘
어오기를 바랄 정도였다. 카지노에서는 어떤 사람이 많은 돈을
딸 때 그 사람 곁에 지켜 서서 행운의 동반자가 되기를 바라는 경
향이 있다. 카지노에서는 5천 달러 칩이 동이 나자 그 칩을 사기
위해 2만 달러 칩에 그의 얼굴을 새겨 넣어주기도 했다.

바로 나의 친구인 전설적인 갬블러 알치의 이야기다. 사실 그의
포커 실력은 그다지 높은 편은 아니었다. 그가 내기 당구를 벌여
야 할 만큼 궁핍해진 것도 내가 그와 게임을 벌여 여러 차례 연속
으로 이겼기 때문이었다.

언젠가 그는 나와 게임을 벌여 하루 동안 내게 97만 달러까지 잃
기도 했다. 하지만 그는 그런 실력에서도 한동안 최고의 프로게
이머로 이름을 떨칠 수 있었다. 그 원인은 과연 무엇이었을까?

카지노 세계에서는 그러한 경우를 신기루 현상이라고 부른다. 오

랫동안 갬블러 생활을 하다 보면 그런 시기가 한 번쯤은 도래한
다. 실력과 상관없이 무슨 게임을 누구와 벌여도 승리를 거두는
것이다. 물론 실력도 어느 정도는 좋아야 하지만 이른바 운이 많
이 따라주는 경우다.

사람들이 카지노로 몰려드는 것도 이러한 신기루 현상 때문이다.
보통 사람일지라도 어느 날 카지노에서 제법 많은 돈을 따는 경
우가 있다. 보통의 경우 사람들은 일상생활을 하다가도 가끔씩
그날의 환희를 떠올리게 된다. 그러면 없는 시간과 자금을 만들
어 그날의 환희를 재현하려고 카지노로 달려가게 되는 것이다.

만약 당신이 그와 같은 상황에 빠질 때는 한 가지 분명한 사실을

기억해야 한다. 카지노는 그런 환상을 미끼로 당신이 따간 몇 곱절의 돈을 요구할 것이라는 점이다. 그러므로 당신의 머릿속에든 신기루 현상은 한때의 좋은 추억거리로 여기고 그 이상 확대해석해서는 안 될 것이다.

실전
상황의
응용

5장

1. 어떻게 실력을 쌓아가나

당신 실력이 향상되려면 다음과 같이 연습해보기 바란다.

우리나라는 강원랜드를 제외한 일반인의 카지노 출입이 원활하지 못하다. 따라서 당신이 이 책에서 몇 가지 이론을 알았다고 하더라도 실전에 응용하기는 쉽지 않을 것이다. 그렇다면 아쉬운 대로 두 벌 정도 카드를 구해 테이블 앞에 앉아보기 바란다. 카드를 섞어 일정한 수의 플레이어와 딜러를 머릿속에 상상하고 각기 패를 나누어준다. 그리하여 각 카드가 나왔을 때 이 책에서 제시하는 전략을 그대로 따라 해본다. 그런데 단지 따라 해보는 것은 그다지 당신을 위해 유익하지 못하다.

바둑 책을 보고 그대로 따라 해보는 것을 복기라고 한다. 복기할 동안에는 고수들의 수에 경탄을 금치 못할 것이다. 하지만 그 고수들의 수를 실전에서 사용하려 했다가 번번이 낭패를 당한 경험이 있을 것이다. 그것은 고수들의 바둑을 복기만 했을 뿐, 그 수가 왜 나와야 했는지, 다른 좋은 수는 없었는지를 전혀 생각하지 못했기 때문이다. 즉 융통성이 결여되었기 때문이다. 따라서 당신은 그와 같은 우를 범해서는 안 된다.

당신은 책에서 소개하는 전략이 대부분 카운트에 의한 자료를 밑바탕으로 한다는 사실을 기억하기 바란다. 따라서 이 책에 나온 상황을 그대로 재현해보려 할 때 가장 먼저 염두에 두어야 할 사항이 바로 지금, 이 판의 카운트는 어떤가 하는 것이다. 머릿속에 그러한 그림이 들어 있지 않으면 지금 이 책이 무엇을 말하는지 이해하지 못할 것이다.

당신이 초보자라도, 그리하여 지금 처음으로 카드를 대하는 사람이라도 좋다. 일단은 무조건 21을 만드는 일에 주력해보기 바란다. 아무래도 당신은 자주 버스트가 날 것이다. 그래도 좋다. 이것은 어디까지나 연습이기 때문이다. 수없이 당신 카드가 버스트가 났을 때 비로소 당신 가슴속에 조그만 깨달음이 올 것이다.

"아, 버스트를 면하려면 이번 카드는 받지 않았으면 좋았을 것을."

"이번에 더블다운을 했으면 확실히 이겼을 것을."

이와 같은 깨달음이 들었을 때 비로소 당신은 이 책을 다시 펴도 좋다. 그리하여 실전처럼 카드를 돌려보고 각 토탈마다 어떻게 딜러를 상대해야 하는지를 당신 스스로 생각해보기 바란다. 그리하여 이 책에서 소개하는 전략과 맞아떨어지는지, 틀리다면 왜 틀려야만 했는지 그 이유를 찾아내기 바란다. 그것이 당신 실력을 한 걸음 앞당겨놓는 방법이다. 그것이 당신의 융통성을 키우고 어떤 상황이 나오더라도 유연하게 대응하도록 만들 것이다.

그러나 아무리 책을 들여다보아도 이해하지 못한다는 사람도 있을 것이다. 그렇다면 일단 이 책에서 소개하는 전략들을 암기하라. 그리고 실전에 가서 그와 같은 상황이 발생하면 암기한 상황을 그대로 적용하라. 당신이 카지노에 가지고 갔던 돈이 그대로 남아 있거나, 조금밖에 잃지 않았다면 당신은 매우 기쁘게 생각해도 좋을 것이다. 왜냐하면 앞으로 조금만 더 연습하고 공부한다면 당신은 충분히 블랙잭 실력자가 될 가능성이 있기 때문이다.

블랙잭 실력자가 된다는 것은 어떤 든든한 재력가가 당신 뒤를 봐주고 있을 때와 흡사한 기분이 된다는 뜻이다. 그럴 때에 이 책은 비로소 성공을 거둔 것이다. 왜냐하면 당신이 외국의 어떤 카지노에 가서도 돈을 잃지 않을 수 있기 때문이다.

2. 실전 상황 설명

이제부터 위 전술을 응용한 간단한 실전 상황 몇 가지만 소개하겠다. 당신에게 카드가 있다면 그대로 따라 해보라. 그러면 보다 이해가 쉬워질 것이다. 만약 무엇을 어떻게 해야 할지 모를 때에는 각 토탈을 따라 책을 펼쳐보면 된다.

하지만 책에서는 너무 세세한 부분까지는 지적하지 못한다. 따라서 책에서 생략된 부분이 있다면 그러한 부분은 지극히 평범하거나 크게 고민하지 않아도 될 부분이므로 오히려 당신 생각만으로 게임을 이끌어나가도 좋을 것이다.

Attention

- ♣ 블랙잭에서 승리하는 사람은 고도의 집중력을 발휘하는 사람이다.
- ♣ 노력을 기울이지 않고 운에 맡기는 사람은 잃을 가능성이 많다.
- ♣ 물론 대세 흐름을 거스르지 않고 그 흐름을 잘 이용하는 것도 질 확률을 적게 만드는 것이기는 하다.
- ♣ 그러나 정확한 카운트를 실시하는 것, 사진을 찍어 카드 순서를 암기하는 것, 딜러의 홀드 카드가 어떤 것인지를 추측해내는 것이 그날의 승리를 안겨다주는 비결이기도 하다.

딜러 6, Q(홀드 카드)

딜러의 덮여진 카드를
홀드(hold) 카드라고 한다.

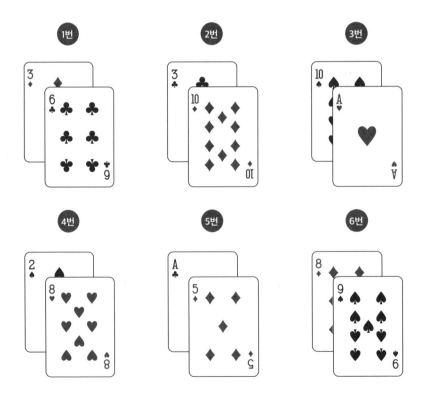

1번 토탈 9. 찬스이다. 더블다운한다. ⬅ 히트한다.

2번 좋지 않은 패다. 스탠드한다.

3번 블랙잭이다. 딜러는 3번 플레이어에게 베팅한 금액의 1.5배를 지불한다.

4번 토탈 10. 찬스이다. 더블다운한다. ⬅ 히트한다.

5번 소프트 16이기도 하지만, 하드 6이기도 하다. 딜러의 펼친 카드가 6이므로 하드 6으로 계산해서 더블다운한다. ⬅ 히트한다.

6번 토탈 17이다. 별로 좋은 패는 아니지만 스테이로 승부한다. 딜러가 버스트 나기를 기다리며 스테이한다.

딜러 덮여진 카드 ×는 Q이다. 토탈 16, 토탈 17이 되지 않으므로 딜러는 한 장을 더 받아야 한다. ⬅ 히트한다.

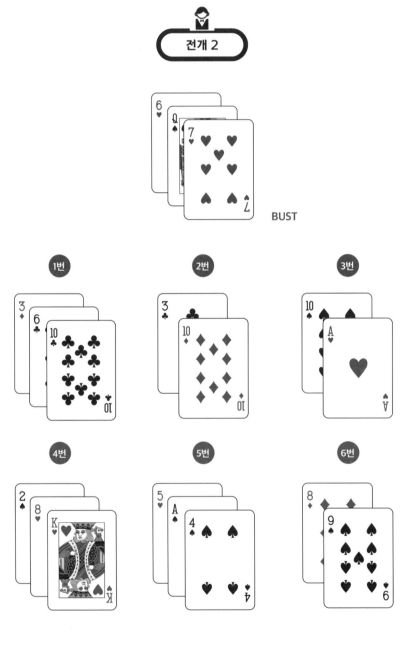

전개 2

BUST

1번
2번
3번
4번
5번
6번

전개 2

1번 3, 6, 히트카드 10

2번 3, 10

3번 10, A

4번 2, 8, 히트카드 K

5번 5, A, 히트카드 4

6번 8, 9

딜러 6, Q(홀드 카드), 히트카드 7

결과 아무도 버스트되지 않았고 딜러가 버스트가 났으므로 계산할 것도 없이 모든 플레이어들이 승리했다.

카운트 **마이너스 카드(-):** 10, 10, 10, K, Q 총 5장

플러스 카드(+): 3, 6, 3, 2, 5, 4, 6 총 7장

이외의 다른 카드: 7, 8, 9, A는 카운트하지 않는다.

7-5 = +2

평가 이번 판의 카운트는 +2가 된다. 따라서 다음 판은 플레이어가 조금 더 유리해졌다는 것을 알 수 있다.

Attention

남은 카드 속에 A가 많이 있으면 딜러보다 당신이 조금 더 유리하다고 생각하라.

전개 1

앞 상황에 이은
연이은 게임 상황이다.

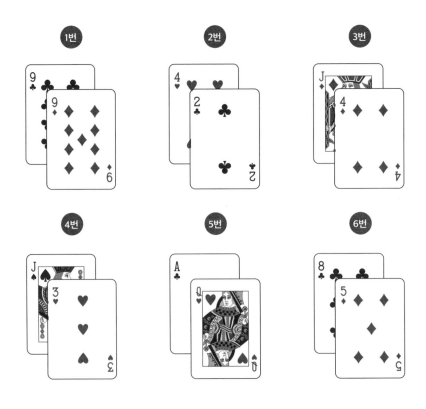

1번 토탈 18이다. 두 장의 합이 9이다. 딜러의 업 카드가 6이므로 스플리팅하는 것이 정수지만 확실한 승리를 위해 이번에는 스탠드하는 것으로 한다.

2번 토탈 6. 히트한다. <= 히트

3번 애매한 패이다. 딜러가 버스트 나기를 기다리며 스탠드한다.

4번 3번과 마찬가지로 스탠드한다.

5번 블랙잭으로 무조건 승리한다.

6번 토탈 13으로 스탠드한다.

딜러 홀드 카드 ×는 10이다.

토탈 16이므로 무조건 히트해야 한다. 3번 4번 6번이 비교적 낮은 토탈로 스탠드를 한 것은 일반적인 전략을 따른 것이기도 하지만 지난번 판의 카운트가 +2, 즉 이번 판에 높은 카드가 히트될 가능성이 많다는 점도 작용했다.

전개 2

2번 플레이어 4, 2, 2(히트카드) <= 다시 히트 7(히트카드) 토탈 15이다. 스탠드한다. 딜러 6, 10, 히트카드 2 토탈 18이다.

결과   1번 플레이어 무승부

                   2, 3, 4, 6번 플레이어 패

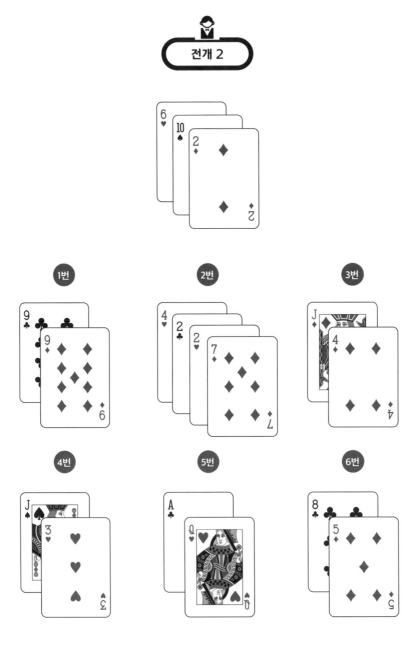

5번 플레이어 승

평가   판이 시작되기 전에는 다소 플레이어에게 유리했지만 결과는 정반대로 딜러에게 유리한 것으로 나왔다. 이것은 다음과 같은 점을 시사해준다.

카운트가 유리하거나 불리하다고 해서 항상 결과가 그와 같이 나오는 것만은 아니다. 카운트의 예측은 항상 60% 정도 신빙성이 있다고 보아야 한다.

그럼에도 불구하고 우리는 카운트를 지속적으로 해야 하고, 블랙잭에서 승리하는 길은 카운트해서 자료를 얻는 것이다. 왜냐하면 60%란 것은 예상과 빗나갈 확률 40%보다 무려 20%나 우위에 있기 때문이다. 그래서 장기적으로 보아서 승리할 기회가 더 높아지는 것이다.

카운트   **플러스 카드(+)**: 4, 2, 2, 4, 3, 5, 6, 2 = +8

마이너스 카드(-): J, J, Q, 10 = -4

계산하지 않는 카드: 9, 9, 8, 7

따라서 이번 판의 카운트는 8-4 = +4가 된다.

총 카운트   토탈 카운트란 전판과 이번 판의 카운트를 합산한 것이다.

실전 1의 카운트 +2

실전 2의 카운트 +4

현재 합계는 +6이 된다.

+6으로 다음 판은 플레이어에게 대단히 유리한 판이 될 것이라는 예측이 나온다.

앞서 카운트가 +6이었으므로
4배 이상으로 베팅을
충분히 높일 상황이다.

1번 스탠드한다.

2번 더블다운이나 히트한다.

3번 스탠드한다.

4번 블랙잭이다.

5번 스탠드한다.

6번 더블다운한다.

딜러 5, K(홀드 카드) 합계 15이므로 히트한다. ← 히트

BUST

2번 5, 4, 히트카드 2

6번 2, 7, 히트카드 2

딜러 5, K, 히트카드 9

결과   딜러의 버스트로 모두가 승리했다.

평가   더블다운은 단 한 번만 히트가 가능하다. 위의 경우처럼 히트
한 카드로 2가 나와 매우 불리해진 상황이지만, 딜러의 버스
트로 더블다운이 성공을 거두었다.

이처럼 더블다운 찬스가 왔을 때는 과감히 승부를 걸어야 한
다. 자신의 패가 좋지 않더라도 이 경우처럼 딜러가 버스트가
나는 경우가 있는 것이다. 더군다나 지난번까지 카운트가 +6
이었으므로 더블다운을 감행할 충분한 근거는 마련된 셈이다.

카운트   **플러스 카드(+):** 5, 4, 5, 5, 2, 5, 2, 2 = 8

마이너스 카드(-): J, Q, K, J, K = 5

계산하지 않는 카드: 9, A, 7, 9

토탈 8-5 = +3이 된다.

총 카운트   실전 1 = +2

실전 2 = +4

실전 3 = +3

따라서 총 카운트는 +9가 된다. 그러나 여기에서 셔플이 되었
으므로 더 이상의 카운트는 무의미해진다.

전개 1

새로운 실전 상황이다.

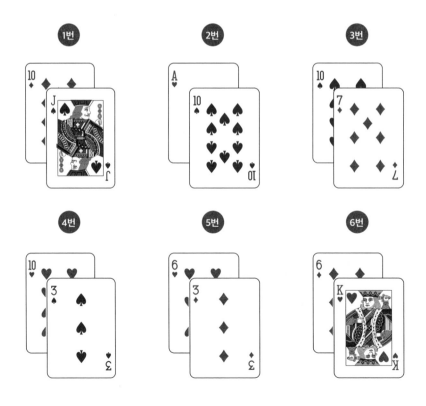

1번 스탠드한다.

2번 블랙잭이다.

3번 스탠드한다.

4번 히트한다. ⬅ 히트

딜러의 펼쳐진 패가 Q, 즉 10이므로 스탠드 대신 히트한다.

5번 히트한다. ⬅ 히트

딜러의 펼쳐진 패가 10이므로 더블다운하지 않는다.

6번 히트한다. ⬅ 히트

딜러의 펼쳐진 패가 10이므로 스탠드 대신 히트한다.

딜러 Q, 7 홀드 카드가 7로 합계 17이므로 더 이상 히트할 수 없다.

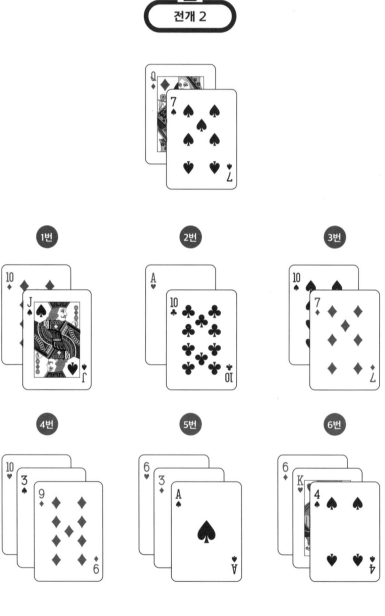

4번 플레이어 10, 3, 히트카드 9

5번 플레이어 6, 3, 히트카드 A

6번 플레이어 6, K, 히트카드 4

결과 3번 플레이어는 무승부, 4번 플레이어는 버스트되었다. 그 이외의 모든 플레이어들은 딜러에 대해 승리했다.

카운트 낮은 카드 7 - 높은 카드 3 = -3

카운트가 -3이므로 다음 판은 플레이어들에게 많이 불리한 판이 된다.

따라서 베팅을 반 이하로 줄일 필요가 있다.

전개

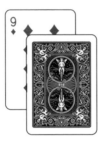

앞서 이어진 실전 상황이다.
스스로 상황을 전개시켜보고
결과를 밝히고 카운트를
적어보기로 하자.
분석을 하고 다음 판을
예상해보기로 한다.

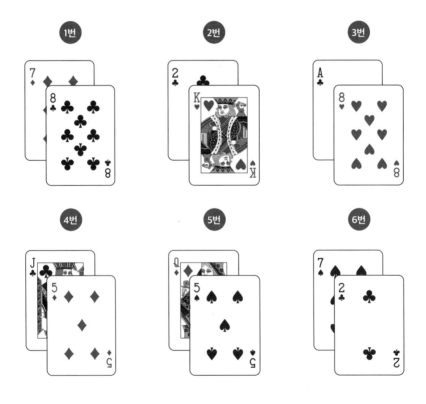

1번 토탈 15이기 때문에 히트한다.

2번 히트한다.

3번 스탠드한다.

4번 히트한다.

5번 히트한다.

6번 히트한다.

평가 딜러의 오픈카드 9는 높은 숫자이기 때문에 플레이어는 히트 해야만 한다. 그 이유는 간단하다. 딜러가 덮여진 카드(홀드 카드) 2, 3, 4, 5, 6, 7을 가지고 있을 확률이 13번(숫자가 13까지이므로) 중 6번이고, 그 이외의 높은 카드 즉 A, 8, 9, 10, J, Q, K가 7장으로 플레이어에게 불리하기 때문이다.

즉 딜러는 17 이상의 숫자를 만들 확률이 높다는 뜻이 된다. 9는 이처럼 딜러에게 도움이 되는 아주 좋은 카드이며 딜러가 버스트가 날 확률 또한 30% 이내로 아주 적은 편이기 때문이다. 그래서 딜러가 9, 10, A로 오픈카드를 가지고 있을 경우에는 15 미만은 거의 히트해야 한다고 보면 된다. 물론 이때에도 정확한 카운트에 의존하여 결정해야 하는 것은 물론이다.

카드센스

내가 잘 아는 교포 한 분이 계셨다. 그분은 한국에서 일류대학교를 졸업하고 사회 명사로 자리 잡았다가, 가족들을 데리고 미국으로 건너와 사업을 크게 벌였다. 그는 경영에도 일가견이 있어 그가 벌인 사업도 승승장구했다. 만약 그에게 다른 어떤 일이 일어나지 않았더라면 그는 부유하고 행복한 인생을 만년까지 누릴 수 있었을 것이다.

어느 날 그분은 휴가를 얻어 가족들과 라스베이거스로 놀러갈 기회가 생겼다. 비극의 발단은 거기에 있었다. 라스베이거스에 도착한 그는 심심풀이로 3천 달러를 가지고 평소에 그가 좋아하던 블랙잭 테이블에 앉았다. 그는 내심 그 돈만 잃고 나면 자리에서 일어날 참이었다.

한데 그는 그날 밤 운 좋게 3만 달러를 따게 되었다. 그는 기분이 너무 좋은 나머지 그 돈을 부인에게 모두 주었다. 다음 날 그는 또다시 3천 달러를 가지고 다시 블랙잭을 시작했다. 그날도 그는 2만 달러를 따는 행운을 누렸다. 그의 가족은 5만 달러라는 적지

않은 돈을 챙겨서 집으로 돌아갔다. 물론 그들에게는 참으로 잊지 못할 즐거운 휴가가 되었을 것이다.

하지만 문제는 그다음이었다. 직장으로 돌아간 그에게 틈만 나면 머릿속으로 끼어드는 생각이 있었다. 바로 카지노에서 돈을 땄을 때의 그 짜릿한 순간이었다. 그 황홀한 유혹을 뿌리치기란 참으로 힘이 들었다. 그는 결국 다음 휴가를 기다리지 못하고 직장이 쉬는 날을 택해 라스베이거스로 다시 날아갔다.

이번에도 제법 많은 1만 달러가 그의 수중에 쥐어져 있었다. 그리고 승리의 여신은 이번에도 그의 편에 서 있었다. 그는 하룻밤 사이에 또 1만 달러를 밑천으로 5만 달러를 따고야 말았다. 두 번에 걸쳐 10만 달러라는 거금을 딴 것이다. 그 순간 그는 다음과 같은 생각이 들었다.

"이거 별거 아니잖아. 조금만 생각을 하고 게임에 임해도 이처럼 연속해서 엄청난 돈을 따잖아. 난 아마도 블랙잭에 관한 한 천부적인 소질을 타고난 것이 분명해."

그렇게 생각한 그는 자신이 하는 사업과 지금 벌인 블랙잭 게임의 결과에 대해 본격적으로 비교해보기 시작했다. 사업을 해서 5만 달러를 벌려면 엄청난 노력이 필요하지만 블랙잭을 해서는 불과 하루 만에 그와 같은 거금을 손쉽게 벌 수 있었다. 그는 결국 그곳에서 프로 갬블러가 되기로 결심하기에 이른다.

그는 집으로 돌아오자마자 블랙잭에 관한 온갖 책들을 사 모으기 시작했다. 그는 공부라면 그 누구보다 자신이 있었다. 그는 공부에 관한 한 항상 1, 2등을 다투었고 엘리트 코스만을 거쳐온 사람이었다. 그는 자신이 현재 가진 실력에다 공부를 더하면 완벽한 프로 갬블러가 될 것이라고 자신했다.

그는 공부를 하는 틈틈이 라스베이거스로 달려가서 게임을 벌였다. 하지만 그에게 따랐던 승리의 여신은 그때부터 그를 외면하기 시작했다. 그는 가지고 갔던 돈들을 연거푸 잃기 시작했다. 그가 거기서 요행을 멈추고 다시 예전 생활로 돌아갔다면 파국만은 면했을 것이다. 하지만 그는 결국 그 장면에서 제동을 걸지 못하고 앞으로 나아가고 말았다.

"내가 진 것은 실력 때문이 아니라 운이 나빠서야. 다음번에 붙는다면 잃었던 돈까지 반드시 되찾을 수 있을 거야."

그렇게 생각한 그는 잘나가던 사업체를 팔아 라스베이거스로 날

아갔다. 그리고 얼마 되지 않아 결국 그는 무일푼으로 전락하는 신세가 되고 말았다. 그는 현재 가족과도 헤어져 사람들의 철저한 무관심 속에 폐인처럼 살고 있다. 잘나가던 한 인생이 그처럼 추락의 길로 들어서기까지는 한때의 잘못된 판단만으로도 충분했던 것이다.

이처럼 평범한 한 개인이 프로 갬블러가 되는 길은 멀고 험난하다. 만약 누군가가 프로 갬블러가 되고자 작정했다면 위와 같은 경우를 반드시 머릿속에 그리고 있어야 한다. 그리하여 다시 한 번 자신의 결정을 반성해보는 시간을 가져야만 한다.

이것은 내가 실제로 보았던 한 지인의 이야기다. 여기에서 그의 이야기는 우리에게 한 가지 큰 고민거리를 제공한다. 다름이 아니라 카드센스에 관한 것이다.

그와 나는 많은 점에서부터 차이를 보인다. 우선 그는 나보다 아이큐가 월등히 높다. 한마디로 머리가 지독하게 좋다는 것이다. 그에 반해 나는 그저 평범한 사람의 지능밖에는 되지 못한다.

둘째 그는 줄곧 엘리트 코스만을 걸어올 정도로 패배를 모르는 사람이었다. 그러나 나는 내가 철들기 시작할 때부터 많은 실패와 우여곡절을 겪어왔다. 그럼에도 불구하고 그는 프로 갬블러가 되기에 실패했고 나는 성공했다. 도대체 그 이유는 무엇이었을까? 그

것은 바로 카드센스 때문이다. 그는 공부는 썩 잘하지만 카드센스는 내가 월등했던 것이다.

운동을 하는 데에도 운동신경이 좋은 사람과 나쁜 사람이 있다. 사람들은 운동신경이 있다는 것만큼은 인정하지만 카드센스가 있다는 사실은 모르는 경향이 있다. 분명히 말하거니와, 운동신경이 있다면 카드센스도 있다는 점을 나는 강조한다.

신이 사람에게 내린 능력은 특별하고도 공평하다. 어느 한 개인에게 너무 많은 능력을 허락하지 않는 것이다. 이것을 다른 말로 하면 개인마다 주어진 달란트가 다르다는 것이다. 그에게는 공부를 잘하는 달란트가 주어졌다면 내게는 카드를 읽을 수 있고 좋은 점을 스펀지처럼 빨아들이는 남다른 카드센스가 있었던 것이다.

당신이 갬블러가 되겠다면 자신에게 카드센스가 있는지부터 판별해보기 바란다. 열심히 공부했는데도 불구하고 블랙잭 게임에서 연속으로 지고 있다면, 그것은 카드센스가 부족한 것으로 여기고 빠른 시간 안에 카지노와는 결별하는 것이 자신을 위한 최선의 길임을 명심해야 한다.

카지노에서
이기는 법

Black Jack

1. 어떻게 카지노를 이길 수 있나?

　이제 당신이 블랙잭 게임을 자신 있게 할 줄 안다는 것과 그 기술을 이용하여 많은 돈을 따는 것은 전혀 다른 의미라는 것을 알아야 한다. 우선 게임을 자신 있게 잘하기 위해서는 다음과 같은 사항들을 반드시 지켜내야 한다.

- ◆ 좋은 게임을 찾아라.
- ◆ 게임 판이 들뜨지 않도록 노련미를 숨겨라.
- ◆ 지불능력(Bank Roll) 이상으로 베팅하지 않도록 하라.
- ◆ 게임 중 술을 마시지 말라.
- ◆ 자그만 것에도 항상 신중히 최선을 다하라.

　위 사항은 지극히 평범한 것 같지만 사실은 가장 잘 지켜지지 않는 사항이다. '누구나 저런 이야기는 할 수 있소'라고 말하는 사람들조차도 실제로 카지노에 도착하면 정반대로 행동하곤 한다. 좋은 게임을 쫓아다녀야 하는데도 나쁜 게임에 발목이 붙잡힌다든지, 자신에게 찾아온 좋은 승부 리듬을 경솔히 판단하고 행동하여 대가 없이 금방 잃어버린다든지, 이성을 잃고 감정적으로 베팅한다든지, 카지노를 우습게 보고 술을 마시고 게임에 임한다든지 하는 것이다. 카지노에서 돈을 잃는 사람들의 전형적인 모습이라 하겠다.

돈을 따려고 작정한 사람들이라면 위 4가지 조항 외에 5번째 조항에 대해 각별히 유념해야 한다. 블랙잭을 잘할 수 있는 지식을 가지고 있는 것과 실제로 그것을 카지노로 옮겨와 실전에 사용하기까지는 많은 차이가 있다는 것을 인식해야 한다.

당신의 자제력을 잃게 하거나 분별 있는 게임을 하지 못하게 만드는 요소는 순간순간 당신들 곁으로 다가갈 것이다. 따라서 그러한 요소들은 당신을 분노케 하고 자제력을 단숨에 잃어버리게 만들어서 그동안 습득해온 지식들을 발휘할 기회조차 허락하지 않을지 모른다.

실전과 이론이 차이가 나는 것은 이런 외부적인 요소 때문이다. 심지어는 옆에 앉은 동료조차도 당신을 화나게 만들어 당신의 이성을 흐리게 하는 일도 생길 것이다. 이런 분위기에 자신마저 동요된다면 그날 당신이 게임에서 승리할 가능성은 거의 없어진다고 보면 된다.

다시 한 번 강조하지만, 주변요소에 대한 염려 때문에 당신의 게임 진행이 흐트러져서는 절대로 안 된다. 실전과 이론이 같아지려면 이와 같이 분위기에 흔들리지 않는 냉정한 침착성을 기르는 훈련을 자신 스스로가 해야 한다.

또한 이론만으로 알고 있던 전술들을 훈련을 통해 실전에서 즉각적으로 활용할 수 있도록 해두지 않으면 안 된다. 이 세상에서 가장 어려운 일이 있다면 그것은 남의 호주머니에서 대가를 치르지 않고 돈을 가져오는 일일 것이다.

만약 당신이 카지노에서 돈을 따겠다고 작정했다면, 이 책에 담긴 간략한 내용만큼은 확실하게 자신의 것으로 만들고 연습하는 성의를 보여야만 한다. 어떤 성공도 연습 없이, 아픈 실패의 상처 없이 하루아침에 이루어지지 않는다는 점을 명심해야 한다. 카지노를 상대로 승리의 휘파람을 불고 싶다면 단지 이론만으로는 불가능하다는 것을 다시 한 번 강조한다.

시중에는 블랙잭 입문에 관한 많은 도서가 나와 있다. 그 책들은 어쩌면 각각의 상황들에 대해 지나치리만큼 세심하게 설명하고 있기도 하다. 실제로 블랙잭 고수가 되고자 하는 사람이라면 그 책들을 모두 섭렵하는 것은 정해진 통과의례라고도 하겠다.

그렇지만 당신에게 필요한 지식의 대부분은 이미 이 책에 담겨 있다. 당신이 카지노를 쓰러트릴 생각을 단념하고 다만 두둑한 여행경비를 마련하고 싶은 정도라면, 이 책의 내용을 깨우치는 것만으로도 부족함이 없을 것이다.

♣ **수수료**

카지노에는 바카라라는 게임이 있다. 나는 가급적 내가 아는 사람들에게는 절대 바카라 게임은 하지 않기를 당부한다. 바카라는 게임당 5%의 높은 수수료를 떼어간다. 때문에 판이 길어지면 길어질수록 승자는 카지노가 되기 마련이다.

게임에 참가한 그 어느 누구도 승리를 하지 못하는 것이 바카라 게임이다. 같은 이유로 나는 경마를 하려는 친구들도 극구 말린다. 그것은 경마의 커미션과 세금이 20%를 넘어 30%에 육박하기 때문이다. 한두 번 경마에서 큰돈을 따기는 했지만 끝까지 돈을 딴 사람은 한 사람도 보지 못했다. 그것은 바로 살인적인 커미션 때문이다. 도박에 빠져 헤어나오지 못하는 사람은 이 살인적인 수수료라는 위력의 힘을 전혀 믿지 않는 사람들이다. 가랑비에 옷이 젖듯 높은 수수료라는 마수의 힘을 아는 사람들은 이미 자신이 지고 들어간다는 것을 알고 있으면서도 쉽사리 게임에 빠져든다. 거기에 비하면 블랙잭은 공부 여하에 따라 얼마든지 이길 수 있는 게임이다. 블랙잭에는 수수료가 없기 때문이다. 단지 1.5~2% 카지노에 유리한 지분을 훈련과 연습을 통해 내게 유리하게 만들면 되기 때문이다.

2. 유리한 게임을 만드는 요소는?

당신이 블랙잭의 고수, 즉 카운터라면 블랙잭의 모든 게임에서 근소한 승리를 가져올 수 있을 것이다. 본시 프로란 50 대 50의 승부에서 무조건 이기는 길을 찾을 수 있는 것이다. 하지만 그 근소한 승리는 당신이 얼마만큼 유리한 게임 판에 가담했느냐에 따라 크게 달라질 수 있다.

최상의 경우 당신은 1퍼센트 이상의 유리함을 얻을 수 있지만, 종종 어지러운 판에 가담했을 경우에는 그 유리함이 0.5퍼센트 이하로 내려갈 수도 있다.

대개 다음과 같은 것들이 당신에게 유리하게도 불리하게도 작용할 수 있는 요소들이다.

◆ 덱(Deck)의 수

◆ 하우스 규칙(House or Casino Rull)

◆ 게임을 꿰뚫어보는 수준(흐름을 읽는 수준)

◆ 시간당 게임 수(Game speed)

이들은 당신을 승리하게 혹은 불리하게 만드는 중요한 요소이므로 이제 이들 요소를 하나씩 검토해보자.

🎲🎲 덱(Deck)의 수

이론적으로 당신은 싱글 덱 게임을 할 때 유리하다. 싱글 덱일 경우, 당신은 비교적 적은 불리함을 가지고 시작하게 되며 승률을 높이기 위해 베팅을 남발할 이유가 없어진다. 하지만 싱글 덱 게임을 하다 보면 베팅이 작음에도 딜러와 플레이어들 간에 열전이 벌어지곤 한다.

반면 슈(6벌의 덱을 넣은 것) 게임에서는 아주 큰 베팅을 허용하곤 한다.

🎲 하우스 규칙

모든 카지노의 게임규칙은 제각각 틀리다. 어떤 하우스의 규칙은 다른 곳보다 선수들에게 많이 유리한 곳도 있다. 게임 룰은 어디서나 다 비슷하지만 미세하게나마 플레이어에게 유리하거나 불리할 수 있는 요소들이 있으므로 미리 확인한 연후에 게임에 임해야 한다.

통상적으로 룰이 모두 다 동등하다고 했을 때 실력 있는 블랙잭 선수들이 주로 고려하는 카지노 룰에는 다음과 같은 것들이 있다.

♦ 딜러는 언제까지 히트하는지?

♦ 딜러가 소프트 17에도 히트할 수 있는지?

♦ 두 장의 카드로 더블다운을 할 수 있는지?

♦ 페어를 스플릿한 이후에도 더블다운을 할 수 있는지?

♦ 딜러가 A나 10을 가지고 있을 때 서렌더할 수 있는 룰이 있는지?

카지노마다 서렌더를 허용하는 상황이 각기 조금씩 다르기 때문이다. 물론 규정에 따른 변수들도 많지만 위의 것들은 당신 승부에 커다란 영향을 미치므로 반드시 확인하고 게임에 임해야 한다. 어느 룰을 적용하느냐에 따라 게임 내용이 확 달라지므로 결코 룰에 대하여 가볍게 볼 수 없는 것이다.

각 카지노마다 이와 같은 룰이 적용되는 곳이 있는가 하면 그렇지 않은 곳도 있으므로, 당신은 이와 같은 규정들이 자신에게 제일 좋게 작용하는 카지노를 골라 그곳에서 게임을 벌이면 좋다. 각 카지노에서 시행하는 이러한 규정들이 싱글 덱 게임 판에서 적용된다면 당신은 이 책에서 말한 기본 전략만으로도 적게나마 승률을 올릴 수 있을 것이다. 그렇다면 당신은 당신이 유리해지는 싱글 덱 게임장을 찾아 나설 수 있을 것이다.

그리고 각 카지노마다 사용되는 룰 북(Rule Book)이 따로 있으니, 당신은 언제든지 룰 북을 요구해서 볼 수가 있다. 그러나 당신이 이 책에서 말한 카운트 법을 이해하고 숙달할 수 있으면, 그리하여 정확한 카운트를 해낼 수 있으면 어떠한 룰을 적용하는 카지노장이라도 게임을 당신의 것으로 만들 수 있을 것이다.

🎲 게임을 꿰뚫는 수준

룰을 적용하는 것이 같다고 가정할 때 최상의 규칙을 선택하는 것은 바로 플레이어의 책임이다. 하지만 플레이어가 모든 것을 다 알지 못하고 게임에 참가할 때도 있을 것이다. 그렇다면 게임을 꿰뚫는 수준이야말로 승부에서 중요한 요소가 된다.

어떤 카지노도 플레이어에게 완전히 불리한 룰을 적용하지는 않는다. 만약 카지노에게 유리한 룰만 적용했다가는 찾아오는 손님이 거의 없을 것이기 때문이다. 따라서 어떤 카지노도 한쪽이 유리한 룰을 택하면 반대로 한쪽에서는 불리한 규정을 적용하고 있다.

한 가지 예를 들어보자.

싱글 덱을 사용하고 큰 베팅을 허용하는 카지노가 있다고 하자. 그 테이블은 손님에게 불리한 규정을 주는 대신 75퍼센트의 싱글 덱 게임을 한다. 또 한 테이블에서는 손님에게 유리한 규정을 주는 대신 40퍼센트만 싱글 덱 게임을 한다.

75퍼센트냐 40퍼센트냐 하는 것은 싱글 덱 게임을 할 때 덱의 75퍼센트를 사용하고 셔플하느냐, 아니면 40퍼센트를 사용했는데 다시 셔플하느냐 하는 것으로 이해하면 된다.

이때도 중요한 것은 역시 카운트이다. 당신이 카운트를 잘하는 사람이라면 다소 불리한 규정이라 하더라도 75퍼센트의 싱글 덱 게임을 하는 쪽을 선택할 것이다.

바로 이것이 게임을 꿰뚫어보고 선택하는 수준이다. 이것은 마치 물건을 고르는 안목이라고 할 수 있다. 물건을 고를 때 가급적 싼 가격에 재질이 뛰어난 제품을 고를 수 있는 능력이라 하겠다.

6덱 게임에서 셔플을 하기 전에 6덱 중 4덱만을 사용하는 카지노보다 6덱 중 5덱을 사용하는 카지노가 우리에게 유리한 것도 같은 이치일 것이다.

⚅ 시간당 게임 수

시간당 얼마나 많은 게임을 할 수 있느냐 하는 것은 대개의 경우 같은 테이블에서 게임을 하는 플레이어들의 수나 노련미에 의해 결정이 된다. 한 명의 딜러 아래 선수들이 가득 들어찬 테이블에서 게임을 할 경우, 당신은 대략 시간당 60게임을 할 수 있다. 딜러와 둘이서만 게임을 하는 헤드업(Heads Up)이라면 시간당 250게임도 가능할 것이다.

분명한 것은, 시간당 게임 수가 많으면 당신의 승률이 높을 때 시간당 벌어들인 액수도 증가한다는 것이다. 싱글 덱 게임에서 이것은 무시하지 못하는 중요한 요소다. 따라서 당신의 승률이 상승곡선을 그릴 때는 게임의 속도가 빠른 테이블을 택하거나 플레이어들이 협조해서 게임 속도를 빨리하는 것도 중요하다.

Attention

카지노의 돈줄이 될 가능성이 가장 많은 사람은 아둔한 사람이 아니다. 아둔한 사람은 자신이 아둔한 줄 알므로 지나치게 남의 큰 밥그릇을 넘겨다보지 않는다. 카지노의 진짜 돈줄이 되어줄 사람은 좋은 대학을 졸업하고 똑똑하고 자존심 강한 사람들이다.

그들은 한 번도 남에게 져본 일이 없이 승승장구만 한 사람들이다. 남에게 진다는 것을 허락조차 안 하는 자존심이 센 사람들이다. 이런 사람들을 다루는 방법은 간단하다. 열을 받게 만드는 것이다. 이런 사람들의 대부분은 자신이 왜 화를 내는지조차 모른 채 이성을 잃어간다. 중간에서 불리한 판을 빠져나올 만한 이성이 그들에게는 결여되어 있는 것이다.

카지노 전략

카지노는 자신의 집에 온 손님들을 그냥 돌려보내지 않는다. 손님들이 가지고 온 돈을 몽땅 쏟아붓고 집으로 돌아가게 만든다. 그냥 돈을 빼내면 마치 강도처럼 보일 수 있으므로 손님들이 미처 눈치 채지도 못하는 여러 장치들을 통해 손님 모르게 그 돈을 슬금슬금 빼낸다.

손님들이 돌아갈 때면 100명 중 한두 명만이 돈을 따가게 만든다. 그럼에도 불구하고 다음번에 반드시 다시 내방하도록 만드는 고도의 전략을 사용한다. 그들의 다양한 장치들을 알아보자.

1. 카지노 실내를 춥게 만든다. 이것은 손님들을 졸지 못하게 만들고 피곤이 쉽사리 몰려오지 못하도록 하는 장치다.
2. 호텔에서는 많은 산소를 공급한다. 이것은 손님들의 피로 회복을 도움으로써 잠을 줄이고 빨리 카지노로 달려가게 만들기 위해서다.
3. 카지노 안에는 시계가 없다. 손님들로 하여금 시간관념이 없도록 만들기 위해서다.

4. 카지노 안은 바깥광선이 들어오지 못하도록 철저히 차단해두고 있다. 이것 역시 손님들로 하여금 낮인지 밤인지 구별 못하도록 만들기 위해서다.

5. 술은 무제한 공짜로 제공된다. 일반적으로 술이 들어가면 배포가 커지고 승부에 대한 균형감각을 상실한다.

6. 카지노장에서 흘러나오는 음악은 사람의 마음을 들뜨게 만들고 시간가는 줄 모르게 한다. 딴 곳에 가 있어도 이 비슷한 음악만 들으면 카지노가 연상되어 속히 카지노장으로 달려오게 만드는 최면효과가 있다.

7. 카지노장은 실내가 온통 화려하고 고급스럽게 치장되어 있다. 이 역시 사람의 배포를 크게 만든다. 평소 100달러를 크게 생각하던 사람도 이러한 분위기 속에 있으면 '그 정도쯤이야'라고 생각하게 된다.

8. 카지노 안에서는 현금 대신 모든 것을 칩으로 사용하도록 만든다. 이것은 현금이란 개념이 없도록 만든다. 칩을 만지는 사람은 현금을 만지는 것이 아니라 현금화하기 전까지는 장난감을 만지는 것이라고 착각하게 한다. 돈 씀씀이를 헤프게 만드는 수법이다. 또, 한 게임의 진행속도를 빨리하도록 도와준다.

'소탐대실'의 우를 범하지 않기를

나는 지금까지 어떻게 하면 블랙잭에서 카지노를 상대로 승리할 수 있는지에 대해 이야기했다. 나는 이 글을 쓰면서 되도록 두 가지 원칙을 지키려고 노력했다.

그 원칙이란 첫째는 쉽게, 둘째는 간단히 쓰겠다는 것이다.

마치 수학공식을 외우듯 하는 토롭의 방식을 일방적으로 주입하거나, 다른 블랙잭 고수들의 책처럼 어려운 해석을 달지 않으려고 노력했다. 가급적 그들의 주장 중에서 추리고 추려 진수만을 뽑아내었다고 해도 과언이 아니다.

따라서 독자들 가운데는 이 책 한 권으로 블랙잭에서 승리할 수 있다는 사실이, 카지노에서 돈을 잃지 않고 돈을 따낸다는 사실이 믿기지 않을 분도 있을 것이다. 그러나 이것은 결코 과장되거나 거짓이 아니라는 점을 당신은 믿기 바란다. 이제 당신은 지금까지 말해왔던 몇 가지 원칙이나 전략을 그대로 따른다면, 경우에 따라 프로가 되든지 블랙잭의 고수도 될 수 있을 것이다. 하지만 그렇게 되기까지에는 누차 지적했듯이 몇 가지 극복할 사항이 있다.

먼저 당신은 정확한 카운트의 중대성을 인식하고 끊임없이 카운트 능력을 키워야 한다는 것이다. 거기에는 실전을 가상한 연습과 훈련이 필요하다. 정석을 많이 안다고 해서 바둑의 고수가 되지 못하듯이 기본 전략을 줄줄이 외운다고 해서 마냥 카지노를 상대로 돈을 따낼 수 있는 것은 아니다. 기본적인 전략도 카운트 결과에 따라 180도 바뀌어야 한다. 그것이 카운트의 마술이자 묘미다.

이 말을 이해했다면 이제 당신은 돈이 쌓인 자루 속으로 손을 집어넣어도 좋을 것이다. 그러나 한 번에 너무 많은 욕심은 금물이다. 당신 실력에 완전한 확신이 서기까지는 과욕을 부려서는 안 된다. 오히려 당신은 그동안 많은 돈을 잃지 않은 사실에, 그 시간 동안 충분히 즐길 수 있었다는 사실에 만족해야 한다.

내가 이 글을 쓰는 목적은 단 한 가지다. 사실 당신이 외국에 나가 카지노 세계에 전혀 발을 들여놓지 않으면 제일 좋다. 그러나 당신이 여행 중에 이국정서에 취하거나 휘황찬란한 라스베이거스의 유혹에서 도저히 헤어 나올 가능성이 없다면 당신은 이 책에서 말한 여러 사항들을 잊지 말기를 바란다. 그래서 당신만큼은 카지노 사람들이 원하는 대로 많은 돈을 잃고 힘없이 새벽에 카지노 문을 나서는 경우가 없기를 바란다. 그것이 지금까지 내가 이 글을 써온 진정한 목적이라면 목적일 것이다.

당신도 알다시피 노벨은 다이너마이트를 발명했다. 다이너마이트는 사람들을 위해 충분히 유익한 목적에 쓰였다. 이로써 광산에서 광물을 캐내기가 쉬워졌으며 교량을 건축하거나 터널을 뚫거나 도로를 놓는 데 쓰였다. 그러나 한편으로는 인명을 살상하는 파괴적인 목적에 사용되기도 했다. 어떤 사물의 용도는 그것을 인간이 어떤 목적에 쓰느냐 하는 마음먹기에 달린 것이다.

나는 이 책이 카지노에서 돈을 따내기 위해 혈안이 된 사람에게 쓰이기를 원치 않는다. 사실 그렇게 해서는 카지노에서 돈을 따내기는커녕 잃지 않으면 다행이겠지만 말이다. 어느 게임이나 그렇듯이 블랙잭의 고수들은 항상 느긋하다. 그들은 게임에 악착같이 대드는 것이 아니라 마치 게임을 즐기듯이 한다. 그것이 바로 돈을 따내는 비결이다.

블랙잭 카운트는 셔플머신을 사용하는 곳에서는 사용할 수 없다. 왜냐하면 방금 나왔던 카드가 셔플머신을 통해 바로 다시 나올 수 있기 때문에 카운트가 불가능해진다. 그래서 카지노에서는 블랙잭 카운터가 카운트하는 것을 막기 위해 셔플머신을 쓰는 것이다. 그러나 이 책을 읽으면 게임의 흐름을 읽을 수 있다. 카지노마다 핸드셔플을 하는 곳이 반드시 있다.

나는 독자들이 이 책을 여행을 즐기는 하나의 도구 이상으로 사용하지 않기를 바란다. 만에 하나 블랙잭의 노예가 되는 일은 내가 목적한 바가 아니다. 블랙잭에 빠진 사람들은 카지노로부터 얼마간 돈을 따내기는 하겠지만, 결국은 자신을 잃을 수도 있다. 그것이 바로 소탐대실(小貪大失)을 의미하는 것이다.

다시 한 번 강조하거니와, 이 책으로 인해 블랙잭에 관한 실력이 늘었다고 해서 작은 것을 얻고 큰 것을 잃는 어리석음을 범하지 않기를 바란다. 그것이 진정으로 내가 원하는 일이다.

2023년 겨울
차민수

Black Jack
이길 수 있다

초판 1쇄 발행 2024년 1월 20일

지 은 이   차민수
펴 낸 이   한승수
펴 낸 곳   문예춘추사

편   집   이상실, 구본영
디 자 인   박소윤
마 케 팅   박건원, 김홍주

등록번호   제2016-000080호
등록일자   2016년 3월 11일

주   소   서울특별시 마포구 동교로 27길 53, 309호
전   화   02 338 0084
팩   스   02 338 0087
메   일   moonchusa@naver.com

I S B N   979-11-88417-65-0 13690